国家新闻出版广电总局向全国青少年推荐百种优秀图书

跟胆怯说再见

主　编　郑持军
副主编　高雪梅　蒋京灵

西南师范大学出版社
国家一级出版社 全国百佳图书出版单位

图书在版编目(CIP)数据

跟胆怯说再见/郑持军主编. — 重庆: 西南师范大学出版社, 2014.4

(青少年心灵氧吧丛书)

ISBN 978-7-5621-6732-7

Ⅰ. ①跟… Ⅱ. ①郑… Ⅲ. ①青少年—心理健康—健康教育 Ⅳ. ① G479

中国版本图书馆 CIP 数据核字(2014)第 062843 号

青少年心灵氧吧丛书

总主编: 高雪梅　李　红　　**策　划:** 米加德　郑持军

跟胆怯说再见

GEN DANQIE SHUO ZAIJIAN

主编: 郑持军　　**副主编:** 高雪梅　蒋京灵

责任编辑: 杜珍辉
封面设计: 畅想设计
插图设计: 覃　崚
出版发行: 西南师范大学出版社
地址: 重庆市北碚区天生路 1 号
邮编: 400715　　市场营销部电话: 023-68868624
http: //www.xscbs.com

经　　销: 新华书店
印　　刷: 重庆紫石东南印务有限公司
开　　本: 720mm×910mm 1/16
印　　张: 10
字　　数: 120 千字
版　　次: 2018 年 11 月第 2 版
印　　次: 2018 年 11 月第 5 次印刷
书　　号: ISBN 978-7-5621-6732-7
定　　价: 30.00 元

衷心感谢被收入本书的图文资料的原作者,由于条件限制,暂时无法和部分原作者取得联系。恳请这些原作者与我们联系,以便付酬并奉送样书。

"青少年心灵氧吧"丛书

编委会

给青少年朋友的一封信

亲爱的朋友：

你们好！

你读过童话《绿野仙踪》吗？还记得那只胆小的狮子为了追求"勇气"和桃乐丝一路历险，最后成为百兽之王吗？

生活中，你是否也有过和那只狮子一样的感觉，在实现愿望、完成目标时觉得它们遥不可及？在未知和困难面前望而却步，自责不已？

我们每个人都有很多愿望，希望做成很多事情，期待更舒适的生活；但为什么我们很多时候却没有去做自己想做的事情呢？一个可能的解释就是我们在困难面前胆怯了，在挫折面前害怕了，我们害怕失败、害怕丢面子而不敢去实现自己的愿望。

其实胆怯不可怕，每个人都会胆怯。但是，如果在胆怯面前没有一个积极的态度，选择逃避，消极对待，那我们只会越来越没有信心，越来越胆怯，最后离自己的梦想也就越来越远。

因此，我们撰写了这本小册子，希望能对你有所帮助。在这本书中，你会在"第一篇 胆怯是咋回事儿"中了解到人为什么会胆怯；在"第二篇 没有理由不胆怯"中你会知道，原来胆怯并不可怕，身边的

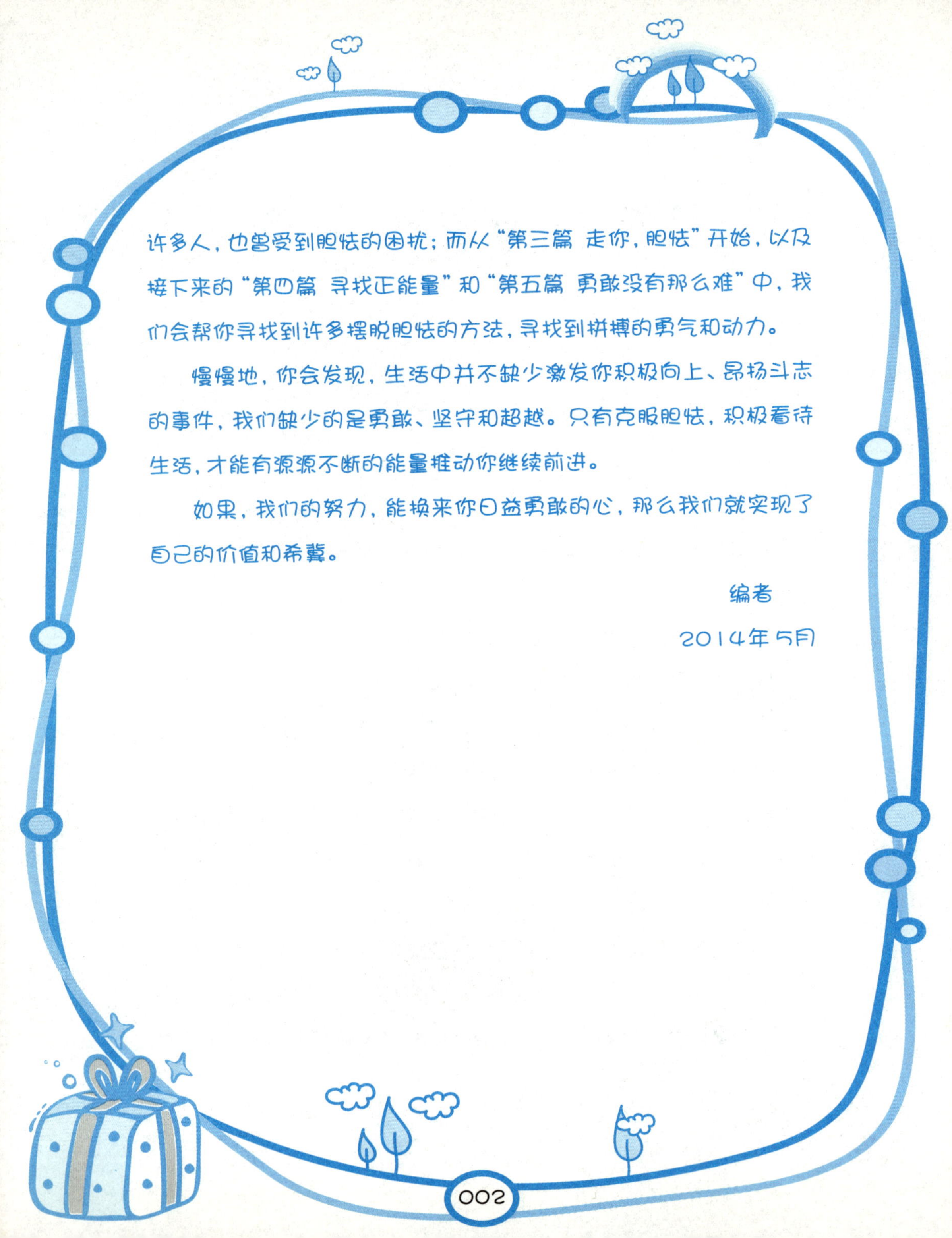

许多人，也曾受到胆怯的困扰；而从“第三篇 走你，胆怯”开始，以及接下来的“第四篇 寻找正能量”和“第五篇 勇敢没有那么难”中，我们会帮你寻找到许多摆脱胆怯的方法，寻找到拼搏的勇气和动力。

慢慢地，你会发现，生活中并不缺少激发你积极向上、昂扬斗志的事件，我们缺少的是勇敢、坚守和超越。只有克服胆怯，积极看待生活，才能有源源不断的能量推动你继续前进。

如果，我们的努力，能换来你日益勇敢的心，那么我们就实现了自己的价值和希冀。

编者

2014年5月

目录 CONTENTS

第一篇　胆怯是咋回事儿

篇首语

我们对未来充满希望，渴望实现自己的梦想；然而很多时候我们却止步不前，将所有的想象都停留在脑海里，这是什么原因呢？其实，我们会发现，是因为胆怯，我们不敢去实现自己的愿望。那么，什么是胆怯呢？它又是如何影响我们的想法和行为的呢？且看后文慢慢道来。

1.1 人人都会胆怯

 成长语录

要想摆脱胆怯，首先你得承认自己胆怯。只要敢于承认自己因为胆怯而失去梦想，你也就可以直面胆怯了。

在电视里看了一场精彩的游泳比赛之后，我就一直很想学习游泳。爸爸知道了我的想法后很高兴，便说要亲自教我游泳。于是找了个好天气，爸爸就带着我去了游泳馆。

一路上我都欢欢喜喜的样子，恨不得飞奔到游泳馆。但是，到了泳池里我却陷入了困境。

“来吧！来啊！拿出勇气！没有什么害怕的！有爸爸保护着你啊！”

爸爸站在泳池里，让我把手给他，想让我把头埋在水里，练习漂浮。

我脚踩在冰凉的瓷砖上，头上却冒着冷汗，我真不敢把腿从泳池地上漂浮起来，这好可怕！

我感觉自己的心跳每秒已经有100下了，两条腿软软的，牙也直打战。

“没什么好怕的，没什么好怕的。”别人说过的这些话在我耳边不断响起，看着那些在泳池里自由自在游玩的小孩，我为自己感到害臊，觉得自己太没用了，完全是个胆小鬼。

一旁的爸爸见到我的样子，便大声鼓励道：“小宇！其实刚才看见你把头埋在水里却不敢漂浮，引起爸爸很多的回忆。像你这么大的时候，我也害怕游泳，甚至在泳池边

上待了很久也不敢下水!”爸爸的话像是一双大手安抚了我不安的心:真的吗?爸爸也曾害怕游泳?!

 读心课堂

是不是只有我才会胆怯呢?

是不是我就比别人胆小呢?

当然不是!

无论是谁,都不可能没有恐惧过。恐惧是我们人类的一种基本情绪,有时我们也称恐惧为胆怯、害怕。

我们一出生,就是这个世界的一员。在意识到自己的存在以后,我们就有了恐惧,有了害怕。

恐惧长大，恐惧迷路，恐惧离开父母，恐惧别人不喜欢自己；恐惧迟到，恐惧老师，恐惧受批评，恐惧考试不及格；恐惧死亡，恐惧黑暗，恐惧自己无知，恐惧在众人面前讲话……

恐惧是人类的本能，它能提醒我们远离危险，保护我们不受伤害。

在城市马路上，恐惧汽车，会让我们横穿马路时注意来往的车辆，避免自己发生危险。

在悬崖边，如果我们后退，远离悬崖，就不会掉进无底深渊……

恐惧的时候，我们每一个人都会有一些生理变化，比如心跳加速、冒冷汗、起鸡皮疙瘩，甚至晕过去。

所以，感到恐惧并不需要藏着、掖着或者为此感到羞耻，因为，感到恐惧的人不只你一个，每个人都会感到恐惧。

那么恐惧是怎么产生的呢？

在心理学的世界里，心理学家对恐惧有着各种各样的解释：

生物学流派——恐惧是人类随着进化而具有的一种适应环境的能力；

行为主义学家——恐惧是由于条件反射或者强化而建立起的一种会泛化的心理反应；

认知心理学家——恐惧是人类通过认知过程识别到长时记忆中储存的伤害对象而产生的情绪反应；

精神分析专家——恐惧与人们童年期的潜意识冲动有关；

人本主义心理学家——恐惧是人类的不完善情绪产生的。

这么一看，恐惧不仅是一件很普遍的事情，而且还有好处呢！

心理百草园

“恐惧”让人更加敏锐

生活中，我们经常用“临危不惧”来赞扬人的勇气，特别是对男生来说，面对危险面不改色是备受推崇的“男子汉”形象。可最新的心理学研究发现，恐惧其实是人应对危险情境的一种准备状态，对其适应环境有重要作用。

加拿大多伦多大学的心理学家研究发现，人在害怕、惊恐时会睁大双眼，厌恶时会紧锁眉头，这些表情除了能够传情达意以外，还有着自我保护的功能。

心理学家训练了一批在校大学生，让他们模仿一系列面部表情，同时用仪器对他们的视线和呼吸进行观测。结果发现，当学生们摆出惊恐的表情，眼球突出、鼻孔张大时，他们可以更好地觉察到周围的危险。因为睁大的眼眶和加速转动的眼球开阔了人的视野，而鼓出的眼球让人能更清晰地看到物体的细节，同时，扩大的鼻孔增加了进入鼻子的气流。而当他们摆出厌恶的表情时，则恰好相反，眼睛眯起、鼻孔收紧、嘴唇微抿，尽可能关闭感觉通道，这样可以对讨厌的事物视而不见。

这个研究结果告诉我们，不同的表情可以让我们拥有完全不同的感知能力，闲时养精蓄锐，危难时厚积薄发。所以，当灾难和危险突如其来时，你尽可以表达自己的恐惧，因为比起“装酷”来说，这对你更有保护作用。

心灵鸡汤

有一个人，他曾做过几千次公开演讲，写有30多本颇具影响力的书，可正是这样一位公众人物，却有公众恐惧症！他就是诺曼·文森特·皮尔——畅销书《积极思考》的作者。

皮尔曾在书中谈道：“我从没有克服掉在公众面前讲话的恐惧心理，当别人将我介绍给很多听众的时候，我就开始心跳加速，手不自觉地发抖，心中骤然产生巨大的恐惧感。”

而他对于这个难题的答案是：“恐惧是一个思维过程，是一个能被替换改变的过程。这时要找到一种能抵制恐惧的东西，而唯一比恐惧更有力量的就是虔诚，因此我尽力去保持我的头脑充满虔诚。我发现虔诚越多，恐惧就越少。”

1.2 都是完美惹的祸

成长语录

有些人只有在具备十足的把握后才会采取行动，殊不知完美的情形几乎是不存在的，这种完美的性格导致了很多人做事拖延，拖延的事情越多也就越怯于行动。

心灵絮语

蒙蒙是一个小学四年级的学生，平时什么都好，作业写得工整，成绩也很优秀。

但她有一个毛病，写作业特别慢。平时写的字稍微有一点点不整齐或者不干净的地方，她就会马上擦掉重写，有时甚至把本子都给擦破了……

因此，蒙蒙平常写作业总是要比其他同学花更多的时间，就连考试的时候蒙蒙也总是因为这个毛病而没法在规定的时间内完成答卷。

对于这种情况，妈妈看在眼里，急在心里，但是找不到解决的办法。于是每次在这个时候都会告诉她，只有一两个字不整齐不要紧，接着往下写就行了。但是，等到下一次做作业或者考试的时候，蒙蒙还是会擦了重写。为此，蒙蒙不知道该怎么办，妈妈也很苦恼，想过很多办法，但都没起多大作用。

眼见着这种情况越来越严重，妈妈只好向老师求助。

最后老师找蒙蒙谈话才知道，原来蒙蒙写作业慢是因为她害怕出错。一点小问题蒙蒙也担心那会影响自己的形象，因此她总是希望做到最好，渐渐地，她做作业的速度就越来越慢了。

读心课堂

心理学家通过心理研究发现，有过度“完成欲”的人，总是有着力求至上的完美性格，他们极易在工作、学习、生活中产生恐慌胆怯心理，结果反而导致能力下降，不能真正很好地完成任务，还会使情绪失常，甚至让健康受损。

完美主义者的最大特点是追求完美，而这种欲望是建立在认为事事都不满意、不完美的基础之上的，因而他们就陷入了深深的矛盾之中，却忽略了世上本就无十全十美的东西。由于完美

主义者给自己定的标准往往高不可攀，因此在事情还没开始之前就在为没有出现的结果担惊受怕，认为任何一次表现都是自己能力和形象的全部体现。

另外，完美主义者常常半途而废，虽然他们刚开始都是自动自发的。也许他们开始工作时有一股永不罢休的劲头，但后来都会衰减，原因就在于在工作过程中，不完美此起彼伏，他们根本顾及不了那么多，最后那股稳做不辍的冲动只有“认输”。

英国历史学家帕金森说：“凡是尽善尽美的规划，就是工作衰退的征兆。”同样，凡是由“至善论”驱使的过度的“完成欲”，也是心理失常的征兆。

因此在生活中，如果我们是一个过度追求尽善尽美的人，从现在开始就要学会调整自己的认知结构，这样才能真正从担心失败、担心不完美中走出来，我们可以这样做：

1. 不拿别人的标准来要求自己

每个人都是独一无二的，都只能按自己的方式活着，也只能按自己的方式成功。所以拿你自己的标准要求自己才是最重要的。

2. 多看到自己的优点

过于追求完美的人总是忽略自己能做到的、自己比别人能干的部分，久而久之就会忽略自己的优点，觉得自己什么都不行。慢慢地，你的担心会实现，你离成功也会越来越远。

心理百草园

你是完美主义者吗？

(1) 当你在工作的时候，别人说话或打岔时你的注意力是否会被破坏，并且由此你感到愤怒？

(2) 当你在计划购物时，你是否会不想理睬对你促销的人，而是去找一些你需要的信息然后再做定夺？

(3) 你是否对那些随随便便的人感到非常厌恶，并且暗自批评他们对自己的生活太不负责？

(4) 你是否会不停地想，某件事如果换另一种方式，也许会更加理想？

(5) 你是否经常对自己或他人感到不满，因而经常挑剔自己或他人所做的任何事？

(6) 你是否经常顾及别人的需求，而放弃自己的需求和机会？

(7) 你是否经常认为做任何事都要全力以赴，却又常常希望自己能够再轻松些？

(8) 你是否常常在心里计划今天该做什么明天该做什么？

(9) 你是否经常对自己的服装或居室布置感到不满意因而时常变动它们？

(10) 你是否不断地因别人没能一次就把事情做好，而亲自去重做这项工作？

以上问题，如果你有6题以上都回答“是”，那么你在平时的生活中就存在过于追求完美的倾向，要注意调整自己的这种心态哦。

心灵鸡汤

在埃伦·弗拉纳根·彭斯的一本名为《完美的莎莉》的书中，讲述了一个叫作莎莉，总是追求完美的小女孩的故事。在故事中的莎莉看来，如果自己不能做到最好，就意味着失败。也因为这样，她常常在做事情之前就担心这担心那，最后总是拖拖拉拉，也回避新的事物，然后拿自己和其他人做比较，认定自己还不够好。这样的完美主义，让莉莎的情绪十分低沉。

后来，在老师和妈妈的帮助下，莎莉渐渐明白了错误是生活的一部分，每个人都会犯错。她学会了放松和尝试新事物，不再为要做到最好而焦虑，她可以只是她自己，享受生活。这就是她需要做的全部。

1.3 他们怎么看

成长语录

别人的眼睛不是透视仪，他们只能看到你的外在，却看不到你的内心，而害怕却住在你的心里。

心灵絮语

团体活动课上同学们经常喜欢围成一圈玩一种叫作“击鼓传花”的游戏，然而小彬却最害怕道具传到自己手中。

这是因为，从小学到现在，小彬几乎没有在大家面前很自信地展示过什么，他总是担心会在大家面前出丑，然后被别人议论。因此要当众表现时，除非迫不得已，他都会说“我不会”“我不行”“你们饶了我吧”之类的话。

这一天下午，班里又有团体活动课。小彬还没上课就开始发愁，正在紧张地想要是传到自己手里该怎么办时，“当……”

鼓声竟然停了……

看到“花团”传到了小彬的手里，同学们纷纷开始起哄：“小彬表演节目，小彬表演节目！”

小彬看着面前的花团，半天才回过神，紧张道：“我不会……”

“不会也要表演，可以学狗叫啊！”

经不住大家的一再怂恿，最后小彬还是低着头扭扭捏捏地走到圈子中间，脸早就红到了脖子根。

“快点，快点！”

小彬怯怯地展开粗粗哑哑的歌喉，低着头唱了几句。然而唱出来的声音，却比蚊子的“嗡嗡”声还小。

“真丢人！我在害怕什么？为什么总是害怕？这下完了，同学们一定觉得我很没用，肯定会嘲笑我、瞧不起我了。”

听到同学们的笑声，小彬心里难受极了，恨不得地上有条缝让他钻进去……

读心课堂

处于青少年时期的我们非常在意自己在别人心目中的形象，非常在意别人对自己的评价，所以当我们在一些公开场合时往往会因过度担心而胆怯，害怕自己会做不好，被别人瞧不起，害怕自己做错事而没面子。

一旦我们受到过消极的评价，这种评价就会变成我们下一次行动的障碍，我们会因为过于担心和在意一些无谓的评价而难以迈出行动的第一步，变得畏首畏尾，不敢做自己该做的事情。

然而事实是怎样的呢？事实上，他人的评价只是我们进行自我评价的一部分参考。它并不代表真实情况，更不是我们评价自我的全部标准。

那么我们该如何正确面对别人的评价呢？

1. 正确认识自己

我们害怕别人瞧不起最主要的原因是不能正确认识和对待自己，要消除这种担心，须从改变认识入手。

2. 发现并肯定自己的优点

从现在开始每天发现自己一个优点，肯定自己的成绩。你将会有惊奇的发现。

3. 积极的自我暗示

你可以在每天早上起床和睡觉前大声对自己说一些积极的话语，比如“我能行！”“这次我一定能考好！”“我的意志很坚强！”“我自信满满！”……记住，一定要每天都坚持哦！

心理百草园

下面的图中，左边是一个简单图形，右边是一个复杂图形。你能一眼从右边的图中找到左边的简单图形吗？

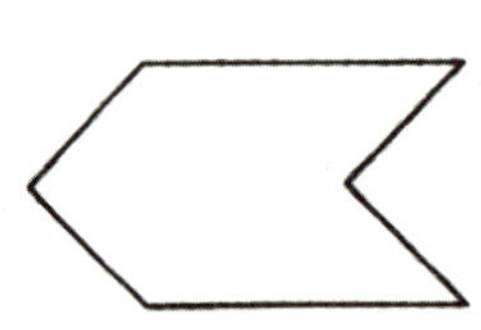

如果你能在短时间里找到左边的图形，那么你更偏向场独立的认知风格；如果你花了较长时间才找到或者找不到左边的图形，那么你更偏向场依存的认知风格。

场独立的人较多地受身体内部线索的影响，较多依赖自己内部的参照，不易受外来因素的影响和干扰，能对事物独立做出判断。善于从整体中分析出各个元素，喜欢学习无结构的材料，不太喜欢受外界的影响，对于他人的评价有自己的看法，不受外界环境的干扰，较擅长理科。

场依存的人在认识世界时则较多地受他所接收的环境信息的影响，较为依赖自己所处的周围环境的外在参照，在学习上善于把握整体，善于学习系统化、条理化的材料，喜欢与同伴一起讨论或进行协作学习，注意环境的要求，容易适应环境，较擅长文科。

心灵鸡汤

他生长在一个普通的农户家里。家里很穷，他很小就跟着父亲下地种田。在田间休息的时候，他会望着远处出神。

父亲问他想什么？他说将来长大了，不要种田，也不要上班，他想每天待在家里，等人给他邮钱。

父亲听了，笑着说："你别做梦了！"

后来他上学了。他从课本上知道了埃及金字塔的故事，就对父亲说："长大了我要去埃及看金字塔。"

父亲拍了一下他的头说："你别总做梦了。"

十几年后，少年成了青年，在大学毕业后做了记者，每年都出几本书。

他每天坐在家里写作，出版社、报社给他往家里邮钱，他用邮来的钱去埃及旅行。

他站在金字塔下，抬头仰望，想起小时候爸爸说的话，心里默默地对父亲说："爸爸，人生没有什么能被保证！"

他，就是台湾最受欢迎的散文家林清玄。

1.4 我会摔倒的

成长语录

不是因为做不到而没有信心，而是因为没有信心所以才做不到。自信是成功的动力，没有自信心，做什么都难免失败。

心灵絮语

小丽是一个乐观、善良、懂事、处处替人着想的女孩，平时学习刻苦，考试成绩在班里也总是名列前茅。平日里她脸上总是洋溢着灿烂的笑容，谁看到她，似乎心中的烦恼都会减少一半。

但是自从开始学习物理之后，她渐渐变得郁郁寡欢，其原因正是与她总是难以学好物理有关。以前学习效率很高的她，在物理课上总是很难听懂老师讲的知识，课后作业也很难完成，几次考试下来，物理成绩总是不理想，勉强徘徊在班里的中上水平。

小丽其实是很想努力的，但无奈她每次一听到老师讲那些难懂的物理词汇就开始忍不住犯困，书本上的力学题目也总是让她满眼迷茫。渐渐地，小丽不但没能进步，反而对物理感到越来越力不从心。

期中考试的时候，由于小丽的物理只考了61分，一向成绩优秀的她也因此被老师公开点名批评。

越来越复杂的物理知识让小丽越来越难以跟上教学的步伐，而老师的批评和成绩的下降也使小丽心灰意冷。渐渐地，小丽开始在学习上打起了“退堂鼓”，她觉得，自己就算再辛苦努力，最后也只能得到仍不够理想的成绩，反正最后结果都一样，不如不管它心里还好受些。

于是，放弃努力的小丽在物理上的成绩越来越差，虽然表面上她安慰自己这只是因为没有认真去学，但考试失利的结果却还是让她难以释怀。

读·心·课堂

电影《英雄本色》中有一句台词是这样的：“连你自己都没有信心，别人怎么去帮你。”

当然，电影虽然这么说，但在日常生活中，对自己丧失信心的情况却并不少见。在前进的路上我们每一个人都可能会遭遇失败、遭遇尬尴，在这个时候，要说没有一个人因此而感到不自信，这也未免太强人所难。

自卑，则可以说是这种不自信衍化的一种较为极端的自我情绪体验形式，表现出对自己的能力或品质评价过低，轻视自己或看不起自己，总是担心失去他人的尊重。

它容易动摇人对事业的信念，严重抑制聪明才智的发挥，使个性得不到解放和发展。自卑会使人从自我怀疑、自我压抑开始，以自我消沉和自我埋没告终。

但是，在挫折产生了这种自我情绪体验后，我们就只能永远地被它摆布吗？

当然不是！

在成长的路上，我们害怕摔倒、害怕困难、害怕失败……但是我们总会摔倒、总会遇到困难、总会失败……

当我们的担心越来越多，当我们的顾虑越来越多，我们就会感到困难重重，慢慢失去对自己的信心。

但是，我们为什么不能将这些担心、顾虑、困惑变成我们不断向前的动力呢？

心理学家阿德勒认为，自卑是追求成功的动力！

自卑就像是一种自我检讨，它让我们知道，我们有多少地方还需要改进。通过自卑，我们便能借助自我检讨来进一步完善自己！它不是我们的阻力，而是我们的动力！

回头望望，我们年幼时不曾因为害怕摔跤而放弃走路，不曾因为害怕沟通失败而放弃说话，不曾因为害怕困难而放弃梦想……

因此，请记住：摔倒、困难、失败都只不过是一种颜料，一种为人生增添色彩的颜料！

当我们摔倒了，请勇敢地拍拍屁股，爬起来继续昂头向前！

当遇到困难了，请告诉自己：我不会逃避、不会害怕，加油！

当我们失败了，只要微笑着跨过那道坎，成功就会在前方！

心理百草园

我们为什么害怕夜晚

害怕夜晚就是我们不敢单独一个人处在黑暗的环境中，这样的“夜晚恐惧症”很正常，许多人都对夜晚抱有恐惧的心理。当我们独自在夜晚中行走时，大部分人可能都会有一种恐怖的感觉，仿佛总会听到身后似有似无的脚步声，如影随形。

那么我们为何会害怕夜晚？其实像恐怖片中出现的鬼怪是不存在的，如果觉得在黑夜中会遇见鬼，那纯粹是人心在作怪。我们之所以会有“夜晚恐惧症”，其实可以用心理学来解释。

著名精神分析医师、心理学家荣格提出的“集体潜意识”就能很好地解释“夜晚恐惧症”。所谓“集体潜意识”的现象并不少见，举个例子，很多人害怕蛇，并不是因为他们曾遭受过蛇的攻击，而是因为曾经听到或看到别人被蛇咬伤。

因此，这种对蛇的恐惧情绪就会植入人们的头脑，当他们看到蛇时就会不寒而栗。对于黑暗，相同的道理，人们也会因为看恐怖片或是他人对夜晚的可怕描述等，而对夜晚产生类似的情绪，脑海中浮现出夜黑风高时发生的恐怖事件，害怕情绪就油然而生。

另一个造成“夜晚恐惧症”的原因，是我们在黑暗中眼睛的视线范围大大减小，这就会让我们处于信息严重缺乏的状态。此时，我们对周围的一切会产生不确定感，安全感也就大大降低。

心灵鸡汤

美国的著名心理学家基恩，小时候亲历过一件让他终生难忘的事，正是这件事使得基恩从自卑走向了自信，也正是这种自信，使他一步步走向成功。

有一次，基恩躲在公园的角落里，偷偷看到几个白人小孩在玩耍，他很羡慕他们，也很想与他们一起玩游戏，但他不敢，因为自己是一个黑人小孩，心里很自卑。

这时，一位卖气球的老人举着一大把气球进了公园，白人孩子一窝蜂地跑了过去，每人买了一个，高高兴兴地把气球放飞到空中。

白人小孩走了以后，他才胆怯地走到老人面前，低声请求："你可以卖一个气球给我吗？"

老人慈祥地说："当然可以。你要一个什么颜色的？"

他鼓起勇气说："我要一个黑色的。"

老人给了他一个黑色的气球。他接过气球，小手一松，黑气球慢慢地升上了天空……

老人一边眯着眼睛看着气球上升，一边用手轻轻拍着他的后脑勺，说："记住，气球能不能升起来，不是因为颜色、形状，而是气球内充满了氢气。一个人的成败不取决于种族和出身，关键是你内心有没有自信。"

1.5 越逃避越害怕

成长语录

困难像弹簧，你强它就弱，你弱它就强！

心灵絮语

希拉里出生于芝加哥的一个中产阶级家庭，小时候的她是一个成绩优异、乖巧懂事的女孩儿。

4岁的时候，希拉里跟着爸爸妈妈搬家，来到一个陌生的地方。活泼好动的希拉里对于新环境充满了好奇，同时也十分想要尽快交上新的朋友。但是很快，她发现这件事情并非她想的那么简单。

邻居的孩子们对于这个外来之客，显得似乎并不是那么友好。

当她到外面去玩耍时，邻居的孩子们不是嘲笑她就是欺负她，有个霸道的小女孩还将她推来推去，甚至直接将她打倒在地。

一向受欢迎的希拉里哪里受到过这样的待遇，每当发生这种事情时，她都只能哭着跑回家，躲在家里不再出去。

有一天，当希拉里又一次哭着跑回家时，她的妈妈站在门口挡住了她的去路。

妈妈大声对她说："我们家没有胆小鬼，越逃避你会越害怕！"

希拉里没有办法反驳妈妈，最后只得又硬着头皮走出家门，而这一举动却让那些欺负她的孩子大吃一惊，显然他们没有料到，被自己欺负的小丫头竟然会这么快又回来。

这一次，当那个霸道的小女孩再次欺负希拉里的时候，希拉里便没有再逃避，她牢

记着出门前妈妈讲的话，然后毫不畏惧地对那个小女孩进行了还击。

在这之后，希拉里再也没有受到其他小朋友的欺负。

这件童年往事在希拉里以后的岁月里起到了很重要的作用。

之后每当遇到困难与挫折时，希拉里都会想起童年时妈妈曾经说的那句话，进而鼓起勇气，大胆地迎接挑战，最终她的人生越来越充满传奇。

读·心·课堂

猫全速奔跑，为了躲避身后一边狂吠一边追逐它的狗。

突然，猫一下子停住了。然后转过身，弓起腰，竖起全身的毛，露出利爪，并嘶叫起来。

看到这，狗顿时停下，夹着尾巴，慢慢地退了回去。

当猫害怕并逃跑的时候，狗就会在后面追着要攻击它。

一旦猫不再害怕，也不逃跑了，狗反而停住，也不会再攻击它……

我们人类也是这样，在面对危险困难的时候，如果我们一味地逃避，这些困难似乎就会变得如同大山一般不可撼动。好比那些爱挑衅和打架的人，在碰到胆小退缩的人时，对方的胆怯似乎会令他们更加兴奋，进而变得更加可恶。可一旦我们鼓起勇气，不再退缩，那些挑衅者就会变得迟疑，进而犹豫并放弃进攻别人的念头。

在生活中，胆怯时逃避的念头不仅可能会让我们在面对他人的欺负时不能反抗，还可能影响着我们日常生活的方方面面。

对青少年而言，如何避免在社会交往方面的胆怯与逃避十分重要。有时，我们会因为不知道如何与别人交往，担心不能和别人处好关系而变得踌躇不前，进而产生对人际交往的恐惧。而一旦这种恐惧导致自己放弃与别人进行交流，这种害怕就会越来越频繁，到最后，我们便难以与别人良好地进行人际交往，而成为别人眼里一个“难以接触”的人。

但是，让我们想一想，可怕的东西到底是什么呢？

那些可怕的东西真的会在你踏出那一步以后就发生吗？

如果有人希望和你做朋友，你会觉得讨厌吗？当然是不会的。相反，如果只是一味逃避，自己在别人心中可能连个印象都留不下。

只要你勇于踏出那一步，就像希拉里走出家门一样，你会发现其实事情没有你想象的那么困难。

心理百草园

社交恐惧症

你知道吗？在人群当中有这样一些人，他们害怕与人交往或当众说话，担心在别人面前出丑或处于难堪的境况，总是尽力回避与他人交往，他们被称为“社交恐惧症”患者。

“社交恐惧症”是一种对任何社交或公开场合感到强烈恐惧或忧虑的精神疾病。患者对于在陌生人面前或可能被别人仔细观察的社交场合或表演场合，有一种显著且持久的恐惧，害怕自己的行为或紧张的表现会引起别人的羞辱或难堪。

一般情况下，人对参加聚会或其他需暴露在公共场合的事情都会感到轻微紧张，但这并不会影响到他们出席。真正的“社交恐惧症”会导致无法承受的恐惧，严重的病例里，患者甚至会长时间地把自己关在家里。

心灵鸡汤

一位老师曾经因为有几个大学生登山迷途后丧生而访问某位登山专家。其中一个问题是:“如果我们在半山腰,突然遇到大雨,应该怎么办?”

登山专家说:“你应该向山顶走。”

“为什么不往山下跑呢?山顶风雨不是更大吗?”老师怀疑地问。

“往山顶走,固然风雨可能更大,却不足以威胁你的生命。然而向山下跑,看起来风雨要小些,似乎比较安全,却可能遇到暴发的山洪而被活活淹死。”登山专家严肃地说:“遇到风雨,逃避它,你只有被卷入洪流;迎向它,你却能获得生存!”

除了登山,在人生的战场上,不也是如此吗?

第二篇　没有理由不胆怯

篇首语

我们每个人都曾胆怯过：面对未知的舞台会胆怯；面对同学们的评价会胆怯；面对新奇的事物会胆怯；面对未知的结果会胆怯；面对不同的情境人人都会有不同程度的担心与胆怯。胆怯是正常的情绪，我们每个人都有理由胆怯。

2.1 举起手来很难

成长语录

我们常常在犹豫，在做与不做之间徘徊，这样往往让我们一次次地错失机会。正是这在梦想和现实之间的举足不定，让我们不敢登上梦想的舞台。

心灵絮语

又到了学校一年一度的艺术节了，同学们都在热火朝天地讨论着今年的艺术节要怎么办，自己想要表演什么才艺，去年表演得很精彩的某某同学今年还会不会参加演出等，一个又一个的话题在同学们中间引起了一阵阵的轰动，欢笑声一阵接着一阵。

小丽也不例外，她正兴致勃勃地参与同学们的讨论。但是在“自己想要表演的才艺”这个话题上，小丽却沉默了。

小丽从3岁起就开始学习弹钢琴，一直坚持，从没有停过。到现在，已经学了9年。钢琴考试过了6级，老师经常夸她弹得很好，很有天赋。虽然她很想在艺术节的时候在舞台上向同学们表演钢琴演奏，但每次老师让想表演的同学举手报名时，小丽都紧紧地握住双手放在桌子下面，不敢举手。

想起去年在舞台上那两位同学的钢琴声是多么的美妙，台下观众的掌声又是多么的热烈，小丽觉得自己和他们相比，根本不值一提，更不可能上舞台表演。

因此，她一次又一次地与舞台失之交臂，到最后只能眼睁睁地看着其他同学在舞台上绽放光芒，自己却躲在角落里伤心。

读心课堂

如果说有一种恐惧心理为人类所共有，那一定是害怕失败。在一些戏剧中，失败意味着潜在的毁灭，甚至是生命遭受威胁，但多数时候并非如此。害怕失败，害怕思想短路，害怕挑战性的工作，会让我们失去丰富生活的机会和体验。

害怕失败，是在漫长的进化过程中为适应环境而逐渐形成的一种本能的防御反应，目的是为了保护自我。而没有一技之长是导致一个人胆怯、害怕的一个重要方面。

很多同学因为没有兴趣爱好和一技之长，在艺术表演之类的活动中总感觉低人一等，时间一长就会害怕参加此类集体活动。小丽其实有弹钢琴的特长，但是她觉得自己没有别的同学优秀，对自己不自信，所以害怕上舞台表演。

那么我们该如何培养自己的兴趣爱好呢？你可以尝试一下以下几种方法：

1. 热爱生活

如果我们始终保持积极的生活态度、乐观向上的人生观，热爱生活，热爱人生，用热情的态度去观察、了解世界，你就会发现世界的新奇美好、生活的多姿多彩，兴趣自然就会产生了。

2. 树立志向

英国有个博物学家，少年时代可谓“朝三暮四”。最初想当军人，后来又爱上了气象学、金融学，而且迷上了音乐，还学了4年医，但都没多大兴趣，直到24岁时才把生物学作为自己的志向，专心于生物学的研究，最终提出了著名的生物进化论，成为一代科学巨匠，他就是达尔文。青少年时期正是立志的时期，要学会根据自己的条件和兴趣爱好，确立你的人生志向和理想，这样，你的兴趣爱好就更具有社会性、方向性，也就能稳定和持久。

3. 保持好奇

兴趣总是从好奇开始，因为好奇而想认识和探究，牛顿看见苹果从树上往下掉，奇怪为什么不往上掉，从而对力学产生了浓厚的兴趣；美国的飞机发明家莱特兄弟，由于小时候对父亲的一架玩具飞机好奇而对发明制造飞机产生了强烈兴趣。要保持好奇心，就要像一些科学家那样，善于提出疑问，向事物的纵向或横向方向发展，不断进行探究。问题总是无穷无尽的，好奇心就会长期维持，兴趣也就会相应地稳定发展。

4. 结合课堂

首先，课内知识是课外兴趣的基础，课内学习不认真，基础不牢，课外兴趣也难以为继。有的同学喜欢捣鼓收录机、电视机，但如果物理不学好，要维修收录机不就很困难吗？其次，课外兴趣要少而精，逐渐增加。有的同学似乎兴趣很广，课外又是学绘画，又是学弹琴，还去学武术……负担太重，既学不好，对课堂学习也会产生不良影响。

5. 多做实践

实践活动是培养兴趣的基本途径，也是增强兴趣的基本途径。比如，你爱好生物，就可以结合书本上学到的知识，利用假日到郊外去收集一些动植物标本，这样既不会加重负担，又可以互相促进。

心理百草园

德西效应

心理学家爱德华·德西曾进行过一次著名的实验，他随机抽调一些学生单独去解一些有趣的智力难题。

在实验的第一阶段，抽调的全部学生在解题时都没有奖励；进入第二阶段，所有实验组的学生每完成一个难题后，就得到1美元的奖励，而无奖励组的学生仍像原来那样继续解题；第三阶段，在每个学生想做什么就做什么的自由休息时间，研究人员观察学生是否仍在做题，以此作为判断学生对解题兴趣的指标。

结果发现，无奖励组的学生比奖励组的学生花更多的休息时间去解题。这说明：奖励组对解题的兴趣衰减得快，而无奖励组在进入第三阶段后，仍对解题保持了较大的兴趣。

实验证明：当一个人进行一项愉快的活动时，给他提供奖励结果反而会减小这项活动对他内在的吸引力。这就是所谓的“德西效应”。

“德西效应”告诉我们：在生活、教学中，培养个人积极主动、持之以恒的兴趣和坚韧不拔的意志，仅靠物质的刺激远远不够。虽然“重赏之下，必有勇夫”，但由物质刺激所激发的兴趣，在一定程度上是淡薄的，也是短暂的。

心灵鸡汤

小马驹刚生下来时，使劲地支撑前肢，力图站起来，但很快便倒下了。起来，倒下，又起来……一次又一次。

这时，母马走上前去，用鼻子对着湿漉漉的小马驹喷出气来。小马驹嗅到母亲的气味，更加用力了，两条后腿也支撑了起来。四条腿弯弯地叉开着，然后重重地摔倒。这样反复了几次，小马驹终于站住了，并向母马那里走出几步，接着又摔倒了。

而那母马看到小马驹向它走来时，不是迎接，而是向后退步，小马驹贴近一步，它就后退一步；小马驹倒下了，它又前进一步。有人见母马故意折腾小马驹，让这么小的生命遭罪，就想过去搀扶一把，养马人却拦住他，并说："一扶就坏了。一扶，这马就成不了好马！"

小马驹会因为跌倒而害怕独立行走吗？母马会因为担心小马驹跌倒而帮助它吗？想想个中缘由吧！

2.2 糟糕的面子

成长语录

我们经常因为放不下自己的面子，害怕被同学嘲笑，而错失了很多东西。

心灵絮语

“这道题怎么这么难啊，怎么做都不对！”我看着一道数学题，心里直嘀咕。

眼看同学们都陆陆续续地把作业做完交给了老师，我心里越发紧张不安，眼睛东瞅瞅西望望，脚也在桌子下面不安分地变换着不同的姿势。

这时突然涌现出一个念头来：“要不去问问小东吧，他现在正在教他的同桌，我过去让他顺便教教我吧。”

但是马上就有一个声音冒出来：“不要去，不要去！你这样去，他会笑话你的，这么简单的题都不会。”

“对对对！如果他觉得这道题很简单，而我不会做，竟然还去请教他，他肯定会看不起我的，还会觉得我很笨，嘲笑我居然这么简单的题都不会做。”

想到这儿，我的头不由得垂了下来，失落地看着眼前的题目。

看着周围的同学向会做的同学请教之后都把作业做完，高兴地交给了老师。自己却因为这糟糕的面子，不敢向其他同学请教，只能生自己的气，气自己的胆小，气自己好面子。

读·心·课堂

在成长的过程中，我们在学习上或多或少都会遇到不懂的问题。遇到困难，其实我们内心都有希望得到他人的帮助却又不敢向他人请教的矛盾心理。

有的人能够正确看待自己的不足，积极请教老师和同学，讨论改正，最终解决自己的问题，学习成绩也因此而得到提高；而有的人却无法正确处理自己遇到的问题，害怕请教老师和同学，最终问题越积越多，成绩也越来越差，最终导致越来越自卑，越来越害怕学习。

上面就是在学习中遇到问题不敢向别人请教的典型例子，究其原因是害怕“丢面子”，也是对自己无信心的一种表现。害怕自己的问题过于简单、幼稚，别人会瞧不起自己，嘲笑自己笨，因而丢尽颜面；更担心别人不愿回答自己的问题，让自己处于尴尬境地。

其实换个角度来想，当别人有问题向我们请教的时候，我们往往会真诚热情地给别人做出解答，并不存在对别人的嘲笑，反而会因为别人请教自己而高兴。

孔子说："知之为知之，不知为不知，是知也。"知道就是知道，不知道就是不知道，只有正视自己的问题，拒绝不懂装懂，才是聪明的孩子。所以，转变你的观念吧，克服胆怯，从放下"面子"开始。

心理百草园

"问"的学问

1. 讲究问的礼节

向别人请教要虚心，要有礼貌，这是起码的常识。找老师时，应站在门口说"报告"，经老师允许再进去，问过之后应道声"谢谢"。请教同学时可以随便些，但也不可冒冒失失，比如同学正在做作业时，你把人家作业往旁边一推，"快教教我！"问过之后说："就这样啊，是对的吗？"会让他人感到难为情，因此，讲究礼节很重要。

2. 做好问的准备

有的同学不愿问，有的同学又走向极端，养成了不动脑筋的惰性。有的同学没看清题目条件或问题就去问，当别人读完题目他就说知道了，有问的必要吗？这里借用一句古话“三思而后行”，遇到问题，要思考思考再思考，实在找不到解题头绪时再去问。问之前还要做好几个准备：

①问题准备：问什么？怎样问？

②知识准备：这道题可能涉及的内容、公式、原理应再熟悉一遍。

③工具准备：如果是理科，应带好草稿纸、三角尺、笔等。

3. 注意问的技巧

①因人而问：问同学时，尽量把问题提具体些。简单地问“是不是”或“对不对”不能达到目的。问老师时，问题笼统一些、抽象一些也无关系。一般地，老师会把问题展开讲，但提问时应尽量简洁一些。如，问答题中存在某个疑点，选择题中某个选项不明确，计算题中某个量求不出，应直截了当、有针对性地问，这样能节省时间。

②因题而问：可以反问、扩展问或向更深的层次问。例如物理题中“为什么在长铁管一端敲击一下，在管的另一端能听到两次声音？”可以问：“其他管子呢？”“短铁管呢？”还可以进一步问：“至少要多长的铁管才能听到两次声音？”这样问下去，除了加深对本题的理解，还能学到一些题外的知识。

心灵鸡汤

大家所熟知的美国著名发明家爱迪生，从小就特别爱问“为什么”，他喜欢对一个问题追根究底问个明白。有一次，在数学课上，老师教同学们二加二等于四，爱迪生却问：“二加二为什么等于四？”就像这样，爱迪生经常提出一些令老师很难回答的问题，让老师很恼火。因此，爱问问题的爱迪生经常受到老师的批评，有时甚至还挨打。但爱迪生却没有因此而停止提问，他仍然坚持对不懂的事情说“为什么”。因为爱迪生的爱问，对问题的追根究底，所以他成为了拥有超过2000项发明的“世界发明大王”。

2.3 不敢第一个吃螃蟹

成长语录

面对新奇的事物，出于人类的本能，人人都会采取谨慎的态度。只有在确定该事物没有危险之后，人们才会放松警惕，试着去接纳它。

心灵絮语

小明是一个乖巧听话的好孩子，但成绩不是很好。爸爸妈妈希望他能把学习成绩提高一点，他也觉得自己应该更加努力学习。虽然他很认真和努力，成绩却无明显提高。他知道自己有一个缺点，遇到不会的问题不敢请教老师和同学，想到老师会讲解，就往往放着等待老师的解答。

他也经常为自己的这个缺点苦恼。有一次一道数学题把他难住了，他思前想后都没有解决这道题的思路，很懊恼、很纠结，但他又不愿意去问老师，觉得会被老师批评说讲过的知识都不会用；也不敢去问同学，怕被嘲笑。

这时老师正好看到小明，见他满面愁容，便走过来询问，小明支支吾吾地告诉老师他被一道数学题难住了又不敢去问其他人。老师听后笑了笑便给他仔细讲解了那道题，讲完后还细心地问他这道题懂没懂。小明解决了这道题后感觉很轻松也很愉快，觉得向老师提问也是一件快乐而不是痛苦的事情。

读心课堂

人类为什么在遇到新鲜事物时会感到胆怯和畏惧呢？

对新鲜事物保持警惕和害怕是人类长期进化形成的本能，因为人类不知道它对人们的生活是否会带来不利的影响或灾难，因而只有在确定新事物不会对他们的生活造成危害后，人们才会放松警惕，慢慢地接纳新事物。小心谨慎的态度对人类的生存是有用的，所以人们就把这种情绪保留下来，一直延续至今。

向老师请教数学题对小明来说是第一次，以前从未尝试过。小明心中有着种种对未知行动的猜测，“老师会不会不理会我，会不会觉得我的问题太简单，会不会批评我没有好好听课”等，所以一直畏缩不敢去提问。但当小明鼓足勇气、大胆尝试，终于向老师提出疑惑之处时，发现事情并非如自己所想，未知行动并没有那么可怕，反而让自己解决了难题，走出了不敢向老师提问的不良心态。其实与小明的想法恰恰相反，老师非常喜欢学生向自己提问，并对敢于向自己提出问题的学生印象深刻，赞赏他能够积极思考。

所以当我们在面临这些新鲜事物时，不要拘泥于自己的思想中不可自拔，要克服自己消极悲观的想法，并保持积极乐观的心态，鼓起勇气，勇于挑战，这样才能克服对新事物的恐惧，养成良好的学习习惯。

心理百草园

心情好的人更爱尝试新事物

美国加利福尼亚大学的心理学家进行了一项有趣的研究。

研究人员先让参试者看一些图片，然后将他们分成两组，一组回忆一段美好的经历，并通过播放音乐等方式，让他们的情绪处于较好状态；另一组则回忆一些悲伤的经历，让其处于坏情绪中。

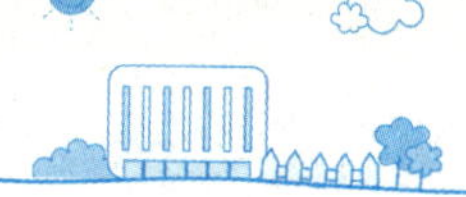

接下来研究人员再次让他们看图片，有的图片曾出现过，有的从来没见过。研究人员会同时用仪器监控他们的大脑变化和面部表情。结果发现，心情沮丧的人更容易对熟悉的图片表现出好感，而心情愉快的人则更愿意接受新鲜的图片。

研究者表示，在生活中，保持愉快的心情，能激发人们探究新事物的热情，同时也会让人更爱冒险。

心灵鸡汤

番茄是我们日常生活中最受人喜欢的食物之一，但在最初却是无人敢食用的。

16世纪的时候，俄罗达拉公爵在美洲发现番茄后，将其作为礼物送给了情人伊丽莎白女王。但是这种作为爱情信物的美丽植物只种在公园里供人观赏，因为人们害怕它像鲜艳的蘑菇一样有毒而不敢食用。

直到17世纪，有一位法国画家，因为太喜爱番茄，于是他冒着生命危险吃了一个，觉得甜甜的、酸酸的。然后，他躺在床上等着死神的光临。但一天过去了，他还躺在床上，发现自己还没有死去，回想起咀嚼番茄那味道，可真是好极了。于是，他满面春风地把“番茄无毒，可以吃”的消息告诉了朋友们，他们都惊呆了。

不久，番茄无毒的新闻震惊了西方，并迅速传遍世界。

如果没有法国画家勇敢地尝试吃第一个番茄，世间的餐桌上也许就不会有这一种美味。

2.4 我不是胆小鬼

成长语录

一开始因为害怕而不敢尝试，渐渐地变成了习惯。面对所有事情的应对方式都是逃避，真正变成了胆小鬼。

心灵絮语

“叮铃铃，叮铃铃……”随着下课铃声响起，同学们蜂拥着向操场跑去。

“来来来，我们分组吧！”

“快来，正好我们5人一组，你们5人一组。”

“好的，就这样，开始吧！”

“那我呢？”小军在一旁小声地说着，声音小得只有他自己能听到。最后，小军还是没有说出自己的想法，只有在一旁默默地观看同学们打篮球。

其实，每次同学们叫小军一起打篮球的时候，小军都很想答应，很想和同学们一起玩耍。但是胆小的他却从来都不敢尝试，不敢迈出第一步。小时候，同学们玩游戏，他在一旁看着，现在，同学们打篮球，他也是在一旁看着。那些一点也不会的同学后来成为了主力，而自己永远都只是那个什么都不会的，只能观看的人。一开始，同学们只要有活动都会叫上小军，但小军每次都拒绝，后来，同学们也慢慢地不叫小军了。渐渐地，小军就被孤立，与同学们失去了联系。这让原本胆小的小军变得更加胆小谨慎，更加不敢参与到集体活动中，不敢尝试新的活动。

读心课堂

小军因为胆小而不敢参与同伴活动，而他胆小的原因，源于强烈的自卑感。

自卑的人总认为自己能力不足，害怕自己做不到或者不如他人做得好，担心别人嘲笑自己没能力，甚至对自己与他人能否良好相处也没有信心。这种强烈的自卑感，会让我们变得胆小谨慎，胆怯于尝试新事物，更害怕参与到同伴的活动中，就这样，越害怕越不敢参与，越不参与越害怕，形成恶性循环，进一步加深自卑感。

那么，平时生活中为什么有的同学会产生自卑感呢？主要有以下几个原因：

1. 自我认识不足，过低评价自己

心理学家发现，自我认识不足的人，多愿意接受别人的“低估”评价而不愿接受别人的“高估”评价。在与他人比较的过程中，也多喜欢拿自己的短处与他人的长处比，当然越比越觉得自己不如人，越比越泄气，就会产生自卑感。

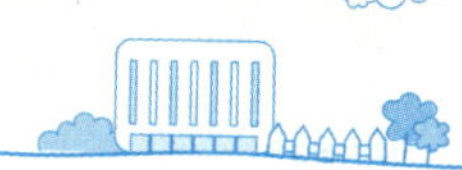

2. 消极的自我暗示抑制了自信心

每个人面临一种新局面时，首先都会自我衡量是否有能力应付。自卑的人因为自我认识不足，常觉得“我不行”，由于事先有这样一种消极的自我暗示，就会抑制自信心，增加紧张胆怯心理，在学习和交往过程中不敢放开手脚。

3. 挫折的影响

人在遭受挫折后，可能会产生各种反应，或反抗，或妥协，或固执。有的人稍微受挫就会给他造成沉重的打击，变得消极悲观，产生“我的确很笨，我真的办不到”等自卑的认识。

4. 生理方面的缺陷

生理方面的缺陷对心理方面有明显的影响，如有的同学会因为身体矮小或肥胖而感到自卑，有的又因为长青春痘而自卑。

但无论是什么原因，自卑都是不正常的心理活动，它会束缚我们的手脚，让我们不敢昂首挺胸，所以一旦我们发现自己有了自卑的情绪就应及时调整。

可以这样做：

1. 用积极用语替换消极用语

把“我就是这样”“我天生如此”“我不行”“我没希望”“我会失败”等这些使你更加自卑的消极用语替换为“我以前是这样”“我一定要做出改变”“我能行”“我可以试试”“这次会成功的”，并且要经常对自己说或是写下来贴在你房间的床头和书桌上。

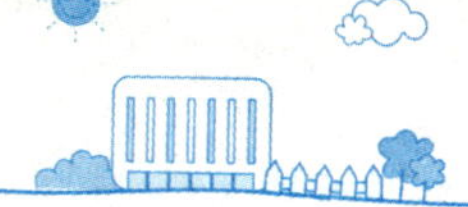

2. 从另一个方面弥补自己的弱点

每个人都有多方面的才能，社会的需要和分工更是多种多样的。一个人在这方面有缺陷，可以从另一方面谋求发展。只要有了积极的心态，就可以扬长避短，把自己的缺陷转化为自强不息的推动力量。

3. 全面了解自己，正确评价自己

你不妨将自己的兴趣、爱好、能力和特长全部列出来，哪怕是很细微的东西也不要忽略。你会发现你有很多优点，并且会对自己的弱项和遭到失败的地方持理智和客观的态度，既不自欺欺人，又不将其看得过于严重，而是以积极的态度去面对，这样自卑便失去了温床。

4. 从成功的回忆中建立成功的自我形象

多强调自己成功的一面。一连串的成功，贯穿起来就构成一个成功者形象。它强烈地向你暗示，你是具有决策力和行动力的，你能导演成功的人生。

5. 用微笑面对逆境

人生是变幻的，逆境也绝不会一成不变。也许，今日的逆境，会造就未来的成功，逆境可以磨炼我们坚毅的品质，让我们对人生进行深层次的思考。同时，在微笑中我们能吸取失败的经验，轻轻松松地迎接下一次挑战。你可以尝试微笑着告诉自己：“一次失败不能证明全部失败，只有放弃尝试才必定失败。”

心理百草园

直面内心的恐惧

为什么有时候我们会莫名害怕，拒绝与人交往，在人群中也会觉得不安全，过桥或走过广场时就会惊慌不已，害怕尖锐的东西，最简单的事情也做不了选择，担心和异性相处……

这些形形色色的问题时刻困扰着我们，却又无法摆脱。

德国心理学经典论著——《直面内心的恐惧》将为你找到答案。它把这些困扰归因于隐藏在人们内心深处的“恐惧”，并让读者认识“恐惧”，帮助读者消除恐惧的影响，重获内心的平静与和谐的人际关系。

《直面内心的恐惧》是风靡德国的心理健康读物。作者弗里兹•李曼是著名的心理学家及心理分析专家，慕尼黑心理分析与治疗学院创始人之一，美国纽约心理分析学会的荣誉会员。《直面内心的恐惧》自出版46年以来，再版35次，销售近百万套，堪称德文心理学的经典论著，有机会的话，可以找来看看哦。

心灵鸡汤

别害怕

每条路总会有不同的交错口
我只要一个坚定的念头
若困难乱了梦
那就让它继续疯
我从来不想躲
彩虹前的暴风
青春就像一场烈火
燃烧你的执着
当转过头是绚烂的天空

别害怕带着梦向前走
流过泪才笑得从容
一定要义无反顾实现你要的以后
别害怕
勇敢地向前走
不管未来收获什么
我们都不要后悔
你说好不好
每个人都会有心底的小宇宙
没翅膀一样能飞得自由
你不必想太多
有梦想就不平庸
骄傲地大步走
一秒都别停留
……

——节选自歌曲《别害怕》

2.5 行动上的矮子

成长语录

我们往往有很多很好的想法和计划，但是最终能落实到行动上的却屈指可数。其中最主要的原因就是对自己的不自信。

心灵絮语

第一，要敢于开口说话，不能总是不说话；

第二，要将自己的想法说出口，不论对错；

第三，要主动地发起谈话，不能总是被别人问到问题才回答；

……

经过一番努力之后，一份完美的计划终于制订好了。想到可以和同学们一起畅谈各种话题，芳芳脸上露出了满意的笑容。

来到了学校，芳芳正准备按照自己的计划，改掉自己胆小不敢说话的毛病。

看到阿红、小李和宁宁正在交谈得很高兴，她也准备加入她们，和她们一起聊天。

可是到了她们三人身边，芳芳却半天没有说出一个字，她怕自己一说话就影响了谈话的气氛，或者没人搭理自己，弄得大家都尴尬，所以最后又把话憋了回去。她只有默默地在一旁看着她们聊天，就算她们聊到的话题是自己很感兴趣的，也只能抑制住自己的情绪，不发表任何意见。

当初制订计划时的热情和信誓旦旦都早已被抛诸脑后了。

1

YES!
终于制订好了！

2

按照计划
参与她们
的聊天！

3

可是，
要是说错
了怎么办？

4

哎！我还是没
能办到。

读·心·课堂

芳芳的痛苦同样是我们很多人的痛苦，不敢同别人交谈，不敢开始去做一件事，不敢站上舞台，等等。很多时候，我们心中的想法很多，计划很好，可惜就是因为不敢行动，所有的行动到最后都变成了懊悔。

而造成芳芳不敢和别人交流、不敢从行为上迈出第一步的最主要原因就是胆怯、不自信，既是对失败的胆怯，也是对事情不能达到预期结果的胆怯。

芳芳年龄小、阅历少，对自己的能力缺乏认识和信心，碰到麻烦时，出现一时的回避、退缩在所难免。然而，当胆怯使得芳芳感到不快乐、失去信心、做事裹足不前时，就会影响芳芳健康成长，表现出压抑、过于敏感和谨慎、胆小怕事等不良心态和行为，也因此造成自己人际交往困难。

生活中你是否也遇到了芳芳的苦恼，因为胆怯而不敢在人际交往中迈出第一步呢？希望以下几个建议对你有所帮助：

1. 接纳自我

接纳自我，可以从停止对自己的挑剔、批判、责难做起，不再苛求自己，不再急于从负面情绪中逃开。真实面对后，常常发现事实上并没有之前想的那么可怕。

2. 喜欢那些喜欢我们的人

不必刻意向那些对自己不友善的人示好，你只需要关注那些会对自己点头微笑致意的人就可以了。

3. 不让舌头超越思想

如果真的没什么想法，就还是选择沉默吧。不要把在社交场合一声不吭片面地理解为是一件坏事。有些时候，不说话并不显得无知。

4. 不刻意迎合别人

我们通常会压抑自己、迎合别人和外界来换取爱和尊重。但这既让对方无法了解真实的你，亦让自己觉得这样的交往浮于表面形式，从而也唤不起自己的真情实感，真实的自己也就越躲越远。

心理百草园

你的羞怯指数有多高？

①一个单元已经讲完了，语文老师安排了一堂复习课，你有好几个问题不太明白，那么你会：

a. 毫不犹豫地举起手，向老师提出问题，直到所有的疑惑都解决了为止。

b. 不好意思举手，委托你的同桌向老师提问。如果老师讲的你还是不清楚，也不好意思追问。

c. 把问题憋在心里，下课后请好朋友给自己讲解。如果好朋友也不知道的话，就让这个问题悬而未决，不再管它。

②你的好朋友是学校记者团的成员。这天，记者团召开每月一次的例会，可是他（她）刚好被班主任派去参加另一个活动。于是他（她）委托你替他（她）参加记者团例会。记者团成员你谁也不认识，那么你：

a. 尽管心里有点打鼓，但还是硬着头皮走进会场。

b. 勉为其难，但走到门口却有点踯躅不前，打“退堂鼓”了。

c. 很乐意效劳，开阔视野呀，于是大大方方走进会场。

③班长指名要求你在班会上与他(她)一起搭档主持。你会:

a. 受宠若惊,一想到自己站在台上的样子,手都出汗了,赶紧一连叠声地加以拒绝。

b. 班长把这样的重任交给自己,真是太令人激动了。你兴奋地一口答应下来,并马上和班长开始了准备工作。

c. 因为从来没有做过主持人的工作,心里十分紧张,但既然班长吩咐下来,也只好接受。

④你和好朋友在肯德基店吃快餐,忽然看到坐在你旁边的一个人正在拿着一些漫画手稿大修改,而其中一些漫画人物正是你在漫画书上经常看到并非常喜欢的。于是你猜想那个人可能正是漫画的作者,你很想得到他的签名漫画,那么你会:

a. 大大方方地向他询问,并提出你的要求。

b. 和朋友嘀嘀咕咕,直到引起作者的注意,才结结巴巴说出自己的愿望。

c. 把愿望埋在心里,不敢说出,只是偷偷地多看几眼。

⑤异性同学当众叫你的名字而没有加上姓氏,你会:

a. 感到一种莫名其妙的欣喜。

b. 无所谓,怎样叫你都无所谓。

c. 感到很不自在,立刻阻止他(她)这样叫你。

⑥妈妈(爸爸)的同事带着孩子来家里串门,小客人的年龄和你差不多。你会:

a. 做个热情的小主人,主动和小客人聊天,很快两个人就熟悉得像老朋友一样,毫无拘束地自由谈笑。

b. 不知道自己该做什么,该说什么,感到浑身不自在,像一个无人操纵的小木偶一样。

c. 刚开始有点拘束,毕竟是完全陌生的人啊,但过一会儿就能克服了,可以自然地招呼客人,和客人聊家常。

⑦课间休息,数学老师委托你把刚刚在课堂上用过的教具给另外一位老师送去。你抱着教具跑出了教室,跑着跑着,忽然发现自己并不知道这位老师在哪个办公室。你首先会:

a. 跑回教室，向数学老师问清楚后再去。

b. 向那位老师可能会在其中工作的办公室的其他教师打听，请求帮忙。

c. 向有关管理教具的老师或数学教研室的教师打听。

⑧在你生活的集体中，你感到对别人的吸引力和影响是：

a. 在少数人中有一定的吸引力和影响力。

b. 你是一个默默无闻，毫不起眼的人物，没有什么吸引力和影响力。

c. 比一般同学更具有吸引力和影响力，可以说是一个很有权威的人物。

计分方式：

将以下表格中对应的题号和选项的分值相加后，计算出总分。如①题选择a计1分，选择b计3分，选择c的话就计2分，以此类推。

选项＼题号	①	②	③	④	⑤	⑥	⑦	⑧
a	1	2	3	1	1	1	3	2
b	3	3	1	2	2	3	2	3
c	2	1	2	3	3	2	1	1

评析：

得分在8~12分之间：你是一个充满自信心的人，自卑心理较少，做事主动积极，敢作敢当，有强烈的开拓进取的欲望，具有较强的组织协调能力和社交能力，与人相处和睦融洽，受到大家的普遍信任，具有一定威信。

得分在13~18分之间：你具有人普遍的羞怯心理，偶尔会有一些羞怯表现，但这并非是不成熟的标志。事实上，在待人接物时表现出一定程度的羞怯感，似乎显得更淳朴、更能博得人们的好感。

得分在19~24分之间：羞答答的玫瑰非你莫属了，你是一个羞怯心理很强的人，过于关注自我，害怕成为大家注意的焦点，对人际关系有恐惧心理，对人冷淡，与人相处不融洽，在社会交际方面顾虑重重。要学会抬起头来，大胆展示自己哦！

心灵鸡汤

年轻人最不怕的就应该是去行动，“Just do it”，克服害怕从第一步做起。分享一首信乐团的歌曲《海阔天空》，鼓励大家勇敢迈出第一步：

海阔天空

我曾怀疑我走在沙漠中
从不结果无论种什么梦
才张开翅膀风却变沉默
习惯伤痛能不能算收获
庆幸的是我一直没回头
终于发现真的是有绿洲
每把汗流了生命变得厚重
走出沮丧才看见新宇宙

海阔天空在勇敢以后
要拿执着将命运的锁打破
冷漠的人
谢谢你们曾经看轻我
让我不低头更精彩地活

凌晨的窗口失眠整夜以后
看着黎明从云里抬起了头
日落是沉潜日出是成熟
只要是光一定会灿烂的
海阔天空在勇敢以后
要拿执着将命运的锁打破
冷漠的人
谢谢你们曾经看轻我
让我不低头更精彩地活

海阔天空狂风暴雨以后
转过头对旧心酸一笑而过
最懂我的人
谢谢一路默默地陪我
让我拥有好故事可以说
看未来一步步来了

第三篇　走你，胆怯

篇首语

我们害怕的其实更多是害怕本身。只有正视胆怯，才能走出第一步，我们才会变得更加勇敢。对自己大声说：“走你，胆怯！”

3.1 正视自己的胆怯

成长语录

不用逃避，正视你心中的胆怯，它能够为你带来奇迹！

心灵絮语

小生是一个学习成绩很好但性格内向的孩子。他总是很腼腆、很害羞，每当小生在全班同学面前回答问题，话还未说出口，却已经脸红到了脖子根，说话也结结巴巴。不管是第多少次回答，也不管是什么课，小生总是这样的反应。

眼见着一年一度的校演讲比赛要到了，班主任王老师希望让语文成绩优秀的小生代表班上去参加这次比赛，希望由此可以锻炼小生的胆量。可是不管王老师怎么说，小生都是推辞再推辞。

面对如此情境，老师语重心长地说道："在我们的一生中，常常有很多原因，比如紧张、害怕丢面子，让我们错失一些机会。有一些原因是我们无法改变的，我们可以试着去面对，而不是逃避。不必把成败看得很重，因为有可能正是这样一个机会就是改变你的一束阳光，尽量抓住每一次可以改变你信念和生命的机会哦。小生，我希望你能够好好考虑！"

小生听到这些话，心中也很纠结，不过最后他告诉自己一定不再逃避，去面对心中的恐惧，试一试总不会留下遗憾！

在老师的帮助下，小生克服了自己的胆怯，在演讲比赛中获得了优异的成绩！

读心课堂

战胜胆怯，首先就是要敢于正视自己的胆怯，直面自己内心的恐惧，当你做到这一点，表明你已经开始迈出了第一步，仅这第一步有时就足以让你发现全新的自我，令自己惊喜不已，从中找到感觉，找到自信与自尊。

心理学家研究出了许多战胜胆怯的方法，只要你去使用，就一定能摆脱它的困扰！我们可以从以下几个方面着手，帮助自己远离胆怯。

1. 正视胆怯，敢于表达

当你产生胆怯、恐惧、紧张心理时，千万不要让这种感觉窝在心里，你必须将当时的感受、念头清清楚楚地说出来。你可以说："我现在紧张死了。心里'扑通扑通'跳

个不停，双眼好像看不到东西，舌头僵硬得不听使唤，喉咙也干。”“一站上讲台，我就害怕得无法畅所欲言”……如此脱口而出，你的胆怯、紧张就会没有了，情绪也会趋于平稳。

心理学上的“内观法”，就是在冷静观察自己的内心后，将“观察结果”用言语如实表达出来，这样人的胆怯、忧虑、恐惧和紧张就消失殆尽，同时连烦恼也没有，它所产生的效果令人感到无比神奇。

2. 假装勇敢，积极参与

很多人在登台演出前，都非常紧张，会产生胆怯心理，可一上舞台，全身心投入自己的表演时，他们却并不感到胆怯，表演挥洒自如，让自己都感到吃惊。很多人通过切身体验后强调假装勇敢。假装勇敢是让我们不胆怯的一个好方法。比如在课堂上，你可以假设自己不胆怯，什么都不怕，积极举手，抢先发言；在和同伴聊天时，大声说出自己的想法、主动参加讨论等，并努力按不胆怯的方式去做，慢慢地，你真的就不胆怯了。

3. 有备而战，心里踏实

不少胆怯的人，是担心自己才疏学浅，与人接触交往时，不会说话或说错话。为此，你就要对自己所要做的事情有所准备，不打无准备之战。比如，你想要参加班上组织的辩论赛或班级活动，首先就要做好充分的准备，如通过报刊、广播、电视、网络等多

种方式查阅大量的资料，然后分类记录下来，在活动之前，列好一个发言单子，讲话就不愁无话可说了。

4. 积极暗示，鼓励自己

当自己敢于正视胆怯并逐渐战胜胆怯时，可以对自己说一些积极暗示的话："我并不比别人差！""我真的很不错！""我一定能成功！"也可找与自己关系要好的同学或亲友交谈，他们也会给你鼓励。这样以多种方式鼓励自己，既可增强自信心，也可转移注意力，放松过分紧张的心情，战胜胆怯心理。

5. 做好最坏的打算

做好最坏的打算也是战胜胆怯的一种有效方法。比如，你害怕当众讲话、会脸红、担心讲错被人嘲笑，你就可以设想：脸要红就让它红，会讲错就让它错，要丢丑就让它丢，又不是没脸红过，哪个人没丢过丑，他要嘲笑，就让他笑，大不了让他笑个痛快，又能把我怎么样！有了这种出现最坏结果都不怕的想法，还有什么值得你胆怯！

当然，战胜胆怯，不能急于求成，要循序渐进，从最容易的做起，坚持不懈，并相信自己不比别人差，你就一定能成为一个不胆怯的人。

心理百草园

你的勇气在哪里？

放学的时候，你不幸碰到了大塞车，今天的午饭又没吃。回到家时，你已经饥肠辘辘了；更可悲的事情是，父母今天要在家里请客，而客人还没到。一向家教严谨的你，原本肯定是不会先开动的。可是，现在肚子已经向你提出抗议了，你会怎么做呢？

A：即使饿死，也执意要等下去

B：先找些零食，像泡面什么的，垫垫肚子

C：婉转地告诉你的父母

D：饿死人不偿命，管他三七二十一，赶紧先吃点！

选A：你真是酷啊，很强的自尊心，标准的“死要面子”！如果你的这份狠劲发挥到工作学习上，真是会前途不可限量！

选B：你的竞争心、不愿服人的心很强，有时候往往因过于鲁莽而失控。

选C：你是标准的“做坏事”还喜欢拖人下水的类型。不过，你的强项是能言善辩，人缘通常都不错，所以，很多人都愿意跟你一起“做坏事”。

选D：你是属于只要想，就勇敢去做的人，并且善于用自己的头脑，只要你想做，世上没有人可以阻挡你的计划。

心灵鸡汤

有一位舞蹈家，她在年轻的时候曾学习一种极难的舞蹈，此种舞蹈非常讲究脚法。当她好不容易学会时，却始终担心脚上动作出错而紧张不已，表演的时候很不自然。一旁的老师看到这种情况，告诉她，如果你过于关心脚上的动作，肢体得不到放松，势必表演得十分生硬，况且，你一直看脚，观众也会受你的影响；如果你放松心情，笑容、动作自然，大家看到的就都是你的笑脸了。她听了老师的话，将自己的注意力转移，跟着音乐节拍、面带微笑，自信从容地跳着。最后，演出获得了很大成功。

我们每个人都会有这样那样的缺点，如果我们过于在意，想要去遮掩，反而会适得其反；相反，如果我们正视它，接受它，问题就可能变得没有那么严重了。

3.2 找出隐藏的兴趣

 成长语录

克服胆怯的方法之一，是专注于让你胆怯的事情，当你对你所胆怯的事情感兴趣时，你已经打败了胆怯。

 心灵絮语

小牧和小扬是一对好朋友，不过她们俩的性格有点差别。小牧不善言辞，但是英文非常好；而小扬是一个性格大大咧咧的女孩子，语文很好，偶尔还会给一些杂志投稿。

有一天，作为班干部的小扬接到了老师给她的任务，要在下周一做一篇简单的中英双语介绍。中文的介绍对小扬来说并不是什么问题，可是，小扬的英语却很不好。在自己私下练习说英语时，小扬心里就闹得慌，总是七上八下的，因此，一篇简短的英文介绍，总是说得结结巴巴，不够流畅，为此，小扬找到了小牧，希望小牧能够帮助自己。

小牧非常大方地告诉小扬自己学好英文的关键就是多读英语书，多记英语单词，多听一些英语歌曲和看一些原汁原味的英语大片。刚开始的时候小扬觉得很困难，可是渐渐地也发现了学习英语其实并没有自己想象中的那么困难。经过一周多的努力，小扬当着全班的面做了一次成功的中英双语介绍。

你下周做一篇中英双语介绍吧。
中文倒可以，英文的话……
1

2
英语部分老是做不好，去找小牧看看……

英语很好学的，没关系，我帮你！
谢谢你！
3

4
在小牧的帮助下中英双语介绍圆满完成了！

读心课堂

你有过痴迷一件事情的经历吗？回想一下，那件事对你来说是不是又简单又有趣？“好者能精”，你很喜欢这件事，所以你总是不由自主地积极关注它、主动探究它，渐渐地，你也开始精通这件事了。

所以，打败你的胆怯的第一步，就是多培养自己的兴趣爱好，兴趣是成功的一半，是最好的老师。成功离不开勤奋努力，但更需要兴趣的引领。

1. 发掘自己的优点，扬长避短

金无足赤、人无完人。每个人都有自己的短处和不足，我们不能因为有短处、有不足而恐惧害怕，只要我们学会扬长避短，就能够取得成功。有些科学家童年时期也在某些方面表现得很愚钝，例如爱因斯坦和牛顿，但他们后来找到了自己的兴趣特长并坚持下来，最终都成为了著名的科学家。你也把你的短处、不足写出来，然后在它们的后面写上如何克服吧！你还可以把你的特长、优点写出来，每天激励自己，将这些特长变为你的优势！

2. 自我暗示，弄假成真

当面对你不太喜欢的学科和事情时，你可以对自己进行积极的自我暗示，假装对它感兴趣，并长期坚持下去——三周以上，甚至更长的时间。你会发现你对它的兴趣在一点点增加，不信，你可以从现在开始试一试。

比如在学习英语之前，请你先进行热身运动，面带笑容，大声说："英语，你是一门奇妙无比的学科，从今天起我要喜欢你啦！""英语，我会满怀兴趣地学好你，因为你是这么的可爱！"每次在学习之前，你都要先调整好心情，然后对自己说积极暗示的话。长期坚持下去，这些语言就会进入潜意识，你的兴趣也就真的会建立起来。

3. 主动了解你不感兴趣的学科和事情

有时候，你不喜欢一门学科，觉得它很枯燥，其实真的很不应该，因为你一点也不了解它。心理学家研究发现，熟悉和了解可以引发兴趣。你可以这样做：

请先思考一下，平时你喜欢做哪些事？把它们写在一张纸的左边；然后找同学讨论一下，这些事分别与什么知识或学科有关；把结果对应写在右边；把这张纸贴在最显眼的地方，从自己喜欢的活动开始，慢慢了解这门学科的魅力。

你一定会越来越喜欢这门学科，而这门学科也会越来越喜欢你。

4. 关注进步，树立信心

你是不是经常在责备自己这没做好、那没做好，是否又在痛恨自己这门课又没考好、那门课没进步？

其实，你有很多方面做得很好。为什么你一次又一次地把那些好的方面忽略掉了呢？

我们习惯盯着自己的缺点和不足，把那些优点和进步看作是理所当然。很多时候，你的坏情绪和对学习的失望，就来源于你对缺点和不足的念念不忘，一次又一次地打击自己。

所以，从现在起开始改变吧！

每天总结和记下自己取得的进步和做得好的地方，比如，“我今天学会了一元二次方程的解法。”“上午在化学课上，我终于勇敢地回答了问题，这感觉真棒！”“虽然我今天只背了5个单词，但个个都印象深刻！”……关注和肯定自己的进步和积极面，会让我们看到自己一点一滴的进步，给我们带来愉快的心情，这种越来越好的感觉会让我们越来越有自信。

心理百草园

找出你的优势

1. 优势体现在哪些方面

从心理学角度来分析，优势主要体现在以下三个方面：第一，认知能力，即学习、研究、理解、概括和分析的能力，包括学习能力、适应能力等；第二，社交能力，即人们在社交活动中表现出来的能力，包括沟通能力、组织能力、适应能力等；第三，操作能力，即操纵、制作和运动的能力，包括动手能力、运动能力等。

2. 善于发现优势

当你不太清楚自己的优势在哪一方面时，你可以用相关的问题来询问自己：别人认为我什么最出色？我最擅长的是什么？遇到难题或是重要任务时，我是怎么一步

一步去解决的？可见，我们可以从周围人的评价中来分析自己的优势究竟体现在哪方面。

3. 发现优势后要采取行动

发现了自己的优势，要善于运用，否则你的优势就等于摆设，就如一颗钻石沉在海底，无异于破铜烂铁，只有把它捞出来，真正使用才能体现它的价值。因此在学习生活中，我们可以尝试去完成一项有难度或挑战性的任务，运用自己的实际优势和潜在能力来达成目标，获得一种学习的满足感和成就感。

4. 要正视缺点

①缺点要指出并改正

往往，我们习惯于听赞扬的话，正面去表扬别人，却因为怕得罪对方而不敢指出其缺点，而且，我们也总是忽略了自己的缺点。缺点要靠别人去指正，这样才有机会改正。因此，有缺点，要告诉同学，也要请同学给自己指出缺点，然后改正，弥补自己的不足。

②缺点让我们成长更快

想让自己真正变得强大，仅仅发挥优势是远远不够的，我们还要知道自己的弱势在哪，有什么缺点和不足。弱是为强服务的，知道并改正了缺点可以让我们成长得更快。

心灵鸡汤

有一位园丁，一天早晨，当他到花园里去的时候，发现所有的花草树木都枯萎凋谢了，园中充满了衰败的景象，毫无生气。他非常诧异，就问花园门口的一棵橡树：你们中间究竟出了什么事？

原来橡树因为自怨没有松树那样高大挺拔，所以就生出厌世之心，不想活了；松树又恨自己不能像葡萄藤那样结果子而沮丧；葡萄藤也很伤心，因为它终日匍匐在地，不能直立，又不能像桃树那样绽开美丽的花朵；牵牛花也苦恼着，因为它自叹没有紫丁香那样芬芳。其余的花草树木也都有各自垂头丧气的理由，都埋怨自己不如别人。

这时，只有一棵小草长得青葱可爱。于是园丁问它："你为什么没有沮丧？"小草回答："我没有一丝灰心和失望。我在花园中虽然算不上重要，但是我知道你需要橡树、松树，或者葡萄藤、桃树，或者牵牛花、紫丁香，你才去栽种它们；我知道你也需要我这颗小小的草，我就心满意足地去吸收阳光雨露，使自己天天成长。"

3.3 调整你的呼吸

成长语录

学会放松，它能够在很快的时间内让你的心情恢复平静。

心灵絮语

阿玉上中学了，她的性格比较内向，一直以来父母对她的期望很高，希望她能够把所有的精力都放在学习上；当然，阿玉也没有辜负父母的期望，她的成绩一直不错。但是由于阿玉性格比较内向，平时很少和老师沟通，因此老师很难注意到这个不错的学生。

一天，数学老师在上完课后给各位同学布置了作业。这个作业比平时的作业要难很多，是一道奥数题。老师希望能锻炼同学们的逻辑能力，在下节数学课上再来评讲。

“叮叮叮……”上课铃响了。

“老师好！”

“同学们好，请坐下。昨天我布置的作业，有几位同学完成了？”数学老师问大家。

此时教室十分寂静。

“阿玉，你到黑板上来做这一道题”，数学老师突然说。

阿玉被老师突然点到，站起来后脸红得像个苹果，扭扭捏捏地走到黑板前做题，这时候阿玉觉得浑身不自在，大脑一片空白，站在讲台上原本会做的题也做不下去了，老师见此情景便叫她回到座位。

阿玉觉得非常难过，一直以来只要是要表现自己的时候，阿玉总是觉得很怯懦，并且非常容易紧张，一紧张就不知道该怎么办了，阿玉对自己这样的表现非常不满意，但是又不知道找谁帮忙，该怎样才能让自己不紧张。

昨天我布置的作业，有几位同学完成了？

阿玉，你到黑板上来做这一道题。

!

好紧张，大脑一片空白……

好吧，你还是回座位吧。

丢脸了……

读·心·课堂

除了建立对胆怯和对自己的正确认识外，我们还可以采取一些实用的生理调节方法来调节自己的胆怯心理。

像阿玉这样，本来是能够回答老师的问题的，但是由于对被提问时习惯性的紧张，不能正常发挥自己的真实水平。其实生理和心理是存在复杂的相互作用的，通过调节紧张情绪是能够对胆怯起一定改善作用的。

下面给大家分享一种呼吸放松的方法：

首先，安静，让心静下来；然后，用鼻孔慢慢地吸气，想象“气从口腔顺着气管进入腹部”，腹部随着吸入的空气不断增加，慢慢地鼓起来；再次，吸足气后，稍微屏息一下，心里默数 3秒，想象“吸入的氧气与血管里的浊气进行交换”；再然后，用口和鼻同时将气从腹中慢慢地自然吐出，同样默数3秒，腹部慢慢地瘪下去；最后，睁眼，恢复原状并重复最开始的动作继续呼吸。

在紧张时，只要进行深呼吸2~3次，就可以起到放松的作用。因此如果你因胆怯而感到紧张，不知道自己该怎么办、手足无措之时，不妨先做一次深呼吸放松，这样不仅能够有效地帮助你缓解紧张的情绪，也能够缓解你的胆怯心理。

吸气~　　屏息3秒~　　呼气~

心理百草园

如何放松?

除了上面我们介绍的呼吸放松法，大家熟知的还有一种渐进性肌肉放松法。

放松步骤如下：

指导语(语气和缓，匀速)：紧收你的肌肉，注意这种紧张的感觉，保持这种紧张感3~5秒，然后放松10~15秒，再体验放松的感觉。在放松的过程中，注意你的呼吸。当身体处于紧张状态时，吸气或者屏气；处于放松状态时，呼气。先从足部放松开始。

足部：把脚趾向后伸，收紧足部的肌肉；然后放松。重复2~3遍，直至足部完全放松。

腿部：伸直你的腿，跷起脚趾指向你的脸；然后放松，弯起你的腿。重复2~3遍，直至腿部完全放松。

腹部：向里向上收紧你的腹部肌肉，就好像挨了一拳一样，然后放松。重复2~3遍，直至腹部完全放松。

背部：拱起背部，然后放松。重复2~3遍，直至背部完全放松。

肩部／脖子：尽可能耸起你的双肩，向内向上，头部向后压，然后放松。重复2~3遍，直至肩部完全放松。

手臂：伸出双手，然后放松，弯起手臂。重复2~3遍，直至手臂完全放松。

面部：紧收前额和脸颊。皱起前额，皱起眉头，咬紧牙关。重复2~3遍，直至面部完全放松。

全身：紧收全身肌肉，保持全身紧张几分钟，然后放松。重复2~3遍，直至全身完全放松。

做完后，若仍感到紧张，可再做一次，若感到局部紧张，可重复局部。完成练习后，休息一小会儿放松内心。可想象一些让你感到最舒适、宁静的情景。把注意力集中在呼吸上，深深地吸气，缓缓地呼气，持续3分钟左右，睁开眼睛，起身时动作要缓慢、轻柔。

这个训练可以当作一种心理保健的方法，在日常生活中随时运用。对焦虑引起的失眠等症状有很好的缓解作用。

心灵鸡汤

我常听见这样的说法，有好多事想做，却因停不下来而错失了许多与美好接轨的机会，多么可惜呀！一辈子都在努力筑梦，怎么有可能过自己想要的生活，那么你的梦又是什么？只是南柯一梦？你累了吗？想做自己吗？

诗人艾略特在他的诗作中这样写道：

我对我的灵魂说，别作声，耐心等待但不要寄予希望，

因为希望会变成虚妄的希望；

耐心等待但不要怀有爱恋，

因为爱恋会变成虚妄的爱恋；

纵然犹有信心，

但是信心、爱与希望都在等待之中。

耐心等待但不要思索，因为你还没有准备好思索。

这样的黑暗变得光明，

静止也将变成舞蹈。

这首诗让我深有感触，等待的意思也许就是停下来吧，资深心理治疗师汀纳•葛罗贝曼的话开始在我心中回绕："在一切改变之前，先停下来吧！"我听从这样的忠告，在别人以为是高峰期的时候，我停下脚步，环顾四周，找寻另一个机会，一个美妙的转折。

休息一下的确是个好主意，生活不必事事都靠钱，原来吹吹风是不要钱的，听听雨也是不要钱的，走在野径也没有人拦路要钱，雾从来都不索费……风花雪月原来统统不要钱。

行路匆匆的人生，让我们忘了太多美丽的事物。马不停蹄，实在是人类犯下的最大的错，因为这么一来，根本没有预留让自己喘息的空间，又如何享受人生呢？

3.4 关上胆怯的心窗

 成长语录

曾经使你非常担心的那些事情，在未来99%都没有发生！

 心灵絮语

小芳的爸爸妈妈都是知识分子，对她的各个方面要求都很高。小芳邻居家的孩子小明，是一个非常聪明开朗的孩子，平时无论是在家还是在学校的表现都非常优异，邻

里之间，都对小明赞不绝口。因此，小芳无论做了什么事都会被拿去和小明对比，并且经常被爸爸妈妈数落，认为小芳什么都不如别人家的孩子好，时间久了，小芳也对自己非常没有信心，对任何事情都感觉非常悲观。

原本开朗的小芳，现在一见到人就绕道走，因为她担心看到街坊邻居不知道怎么说才好、才算是有礼貌。以前很喜欢和同学讨论问题的她，现在因为担心自己不会做题而不敢和同学多交流，学习成绩老是上不去，小芳也不敢去请教老师，她担心自己问的问题太“白痴”了，老师会看不起她，回到家更是立马就钻到自己的房间里，担心父母问起自己的成绩来，不知道该如何应付。

现在小芳也很少和爸爸妈妈沟通交流，为此小芳的爸爸妈妈没有什么办法，小芳也很苦恼，问题到底出在哪儿呢？

读心课堂

对于我们来说，遇到让自己胆怯的事情时，我们就极有可能变成天生的悲观主义者。但是这样的心态反而会使我们更加怯懦与胆小。

这个时候，最重要的就是要调整自己的心态，凡事尽可能往好的方面想，多看积极的一面。不要把自己置于自己所创造的悲观的假定环境中，当自己偶有闪失，或者并无闪失，也很怕别人看破似的，这样自己就会惶惶然，更会加重胆怯心理。我们要转变自己的看法，培养积极的信念，在这里，给大家分享几句话：

（1）相信自己。无数事实证明，自信比智力和教育更重要，一个好的起点，往往开始于相信自己会有所成就。对克服胆怯也是一样，相信自己能够做到才是最重要的。

（2）想象成功。多想象成功的情景与想象失败的情景会有截然不同的影响，想象成功能够对我们克服胆怯提供巨大的动力。

（3）自我对话。对自己做得好的地方要自我表扬，对自己害怕、不足的地方要正视，告诉自己可以克服困难。

（4）积极为伍。多和积极自信的人和事接触，不经意之间你也会变得更乐观积极。

（5）满怀希望。永远不要绝望，在面对挫折、打击而胆怯害怕时，也要告诉自己会有希望的。

心理百草园

演讲中如何克服怯场

很多同学特别是初次登上演讲台的同学会怯场，主要表现为呼吸加速、心跳加速、口干舌燥、恶心欲呕、出汗增多、双手颤抖等。那么，怎么来消除这种心理现象呢？

心理学家研究发现，怯场的原因主要有以下几点：一是很多人担心忘词；二是有些人担心自己的样子太傻；三是有些人认为听众厌恶他们。

其实，怯场不只你有，有些名人也有怯场的经历。英国前首相、著名政治家、演讲家丘吉尔曾说，每次演讲他都觉得胃里像放着一块冰。在一次国会会议的演讲中，丘吉尔突然忘记了下面的一句话，他不断重复上一句话仍然无济于事，最后只得面红耳赤地回到座位上。大科学家牛顿承认自己在演讲前抖动不已，大喊大叫。正如你所看到的，与你一样，不少名人也怯过场！

如果你很快就要登台演讲了，那该怎么办？以下几点会对你有用：

(1) 你要在演讲之前做好充分的准备和练习。

(2) 开始演讲前，你要从容不迫。

(3) 你可以将你的演讲稿轻轻地放到演讲桌上。

(4) 开口之前与听众进行目光接触。

(5) 做几次深呼吸，然后再开始。

如果你想彻底解决怯场，办法是：

首先，你要记住，怯场属于正常现象。

其次，尽可能获取丰富的演讲经验。

再次，与朋友讨论怯场。

心灵鸡汤

卡耐基是给别人自信、让人们乐观的心理激励大师，但是他小时候让他担惊受怕的事情真是不少：一次，班上一名叫山姆•怀特的大男孩与卡耐基发生了争执，卡耐基说了几句很刻薄的话，怀特被激怒了，便恐吓道："总有一天，我要剪断你那双讨厌的大耳朵。"卡耐基吓坏了，几个晚上都不敢睡觉，害怕在自己进入梦乡以后会被怀特剪掉耳朵。还有下雷雨时，卡耐基总是担心会不会被雷劈死；年景不好时担心以后有没有食物充饥；还担心死后会不会下地狱。稍大以后更加胡思乱想：想自己的衣着、举止会不会被女孩们取笑；担心没有女孩子愿意嫁给他。

虽然这些忧虑有些看上去非常可笑，但是仍给卡耐基带来了很多烦恼；不过后来卡耐基发现，曾经让他非常担心的那些事情，99% 都没有发生。

3.5 一点点赶走胆怯

成长语录

克服胆怯如同一场超越自我的战斗，需要有持之以恒的决心和顽强的毅力。

心灵絮语

小天是一个非常有数学天分的学生，老师平时非常重视这个不起眼的孩子；但是，当老师建议小天去上学校专门为数学成绩好的学生开设的奥数班时，小天表现得非常

胆怯，并不愿意去上奥数班，小天说：“我害怕在课堂上被提问，也不太会和同学交流。”

于是，老师为了帮助小天战胜胆怯，制订了一套循序渐进的计划。

首先，让小天到奥数班里走走，熟悉环境。然后，再让小天参加短期奥数学习班，坐在最末一排，不与任何人攀谈。经过一段时间后，他开始慢慢与邻座同学探讨一些数学问题。最后，经过一系列的奥数课程的学习，小天能轻易应对提问和积极参加班上的讨论……

最终，经过老师的培训和自己的不懈努力，小天获得了奥数金奖。

读·心·课堂

在我们的生活中，或多或少都会出现胆怯的心理，对于胆怯也许并无良药可治，但我们还是可以借鉴心理治疗中系统脱敏的方法，循序渐进，一点一点地战胜胆怯，那么我们该如何去做呢？

第一步： 把能引起你紧张、恐惧的各种场景写到纸上（越具体越好），并分别抄到不同的卡片上，把令你最不恐惧的场景放在最前面，把令你最恐惧的放在最后面，卡片按由轻到重的顺序依次排列好。

第二步：进行放松训练。方法是坐在一个舒服的座位上，有规律地深呼吸，让全身放松。进入放松状态后，拿出上述系列卡片的第一张，按照上面的情景，想象得越逼真、越鲜明越好。

第三步：如果你觉得有点不安、紧张和害怕，就停止想象，做深呼吸使自己再度放松下来。完全放松后，重新想象刚才的情景。若紧张和害怕再次发生，就再停止，放松，如此反复，直至卡片上的情景不会再使你感到紧张和害怕为止。

第四步：按同样的方法继续下一个使你更恐惧的场景（下一张卡片）。注意，每进入下一张卡片的想象，都要以你在想象上一张卡片时不再感到紧张和害怕为标准，否则，不得进入下一个阶段。

第五步：当你想象令你最恐惧的场景也不感到害怕时，便可再按由轻至重的顺序进行现场锻炼。

你可以按照上面的步骤设计一个计划表，相信你能慢慢地、一步一步地赶走紧张和恐惧。

克服恐惧计划表

我对 _____ 感到胆怯

行动步骤	恐惧行为	恐惧等级	解决办法
第一步			
第二步			
第三步			
第四步			
第五步			
……			

心理百草园

克服胆怯和社交恐惧的方法

1. 审视现实

首先你要意识到自己在焦虑和胆怯时，能静静体会这种情绪，但并不给予这种情绪评判。

2. 别沉浸在消极想法里

当你专注于自己还未完善的地方、那些消极的想法时，就会很容易陷入胆怯和恐惧的恶性循环中。专注于负面将使你相信自己是一个在社交场合会说错话的人，而且这种想法会经常表现出来。你要认识到，每个人都会说错话，不要纠结，忽略它就好。

3. 不施加压力

别刻意追求让自己变得有趣、幽默或者善谈而感到有压力，做最正常、自然的自己。

4. 别假想

别总是假想人们会对你评头论足，因为大部分人主要关心他们自己和他们周围的事物，他们没时间拿你的行为消遣。你只需要记住这一点：只要是人都会偶尔笨手笨脚。

5. 别恐慌，你需要暂停

在社交场合无须感到恐慌，如果有人问你问题，你可以停下来，思考一会儿再做出适当的回答。

6. 肢体语言

你的生理决定心理。避免做出胆怯害羞的举动，别畏畏缩缩，隐藏自己。站直，昂首挺胸——人们更相信你展现出的肢体语言，而不是你发表的言论。

7. 争取成为一个主动者

主动、自信地和别人讲话交谈。

8. 举止沉稳

举止沉稳而从容不迫会使你看起来更加自信。

9. 舒展肢体

你必须学会如何舒展肢体，有气场的人更善于如此。当你尝试舒展肢体——你会看起来更加自信、有掌控力！

10. 成功的秘诀

练习无法成就完美，但完美的练习会让你表现得更好。

11. 提前准备，但不要死记硬背

准备很重要。充分准备，会对你的社交活动有很大帮助。

12. 要意识到没有什么可恐惧的

我们要明白在社交场合中没有什么可恐惧的。即使最糟糕那又能发生什么呢？你可以把所有可能发生的最坏的情况列出来，你会发现其实也没有什么。

保持冷静，慢慢来，做好自己，没有什么可恐惧的。

心灵鸡汤

有一个人从小就胆小，什么事也不敢做，同学和朋友都嘲笑他。父母为了让他鼓起勇气，便让他参军了。

可是在军校里他还是一样胆小，教官看不起他，同学们也嘲笑他，经常戏弄他。一次他们在进行扔手雷训练，一个同学拿了一个仿真的并告诉大家要让他出丑。

训练开始了，那个同学“不小心”将仿真的手雷扔到了同学中间，大叫小心，同学们都了解也就跟着演，那个胆小的人也很惊慌，大家都想看他出丑，可没想到他扑向手雷，将它压在身下，同学们震住了，半晌他满脸通红，爬了起来，不敢看大家。

同学们都给他鼓掌，从此他的一生改变了。

第四篇　寻找正能量

篇首语

生活中并不缺少激发你积极向上、勇敢拼搏的动力，而我们缺少的是发现。只有克服胆怯，积极看待生活，才会有源源不断的能量推动你前进。让积极勇敢成为你生活中的习惯吧！从现在开始，去寻找生活中的正能量，引爆自我的小宇宙吧！

4.1 你的自尊有多重

成长语录

让你感到难堪的，也许不是因为这件事，而是你对这件事的想法。

心灵絮语

小丽是一个很有才华的女孩儿，尤其是她的语文非常好。从小学开始，她就经常给很多杂志社投稿，上了初中，接触了网络后，小丽便开始试着在一些网站上写文章。

然而让小丽没想到的是，她首次给某个文学网站写文章就碰壁了。尽管改过多次，网站依然没有采用小丽的文章，反而是采用了小丽同学的一篇文章。这让她觉得这个网站编辑是故意针对她，并且认为这件事伤了她的自尊，让她觉得十分丢脸。

小丽陷入了无法摆脱的痛苦情绪中。而这种情绪渐渐让她不再想写文章，也不想投稿了，因为她害怕自己再一次遇到这样的情况。

小丽的姐姐知道这件事后，告诉小丽："其实你可以换一种想法，这对你是一个磨炼的机会，你不如想想自己为什么没有被选上，而你的同学又有哪些地方比你写得好的。可以虚心向你的同学学习一下。"

小丽听从了姐姐的意见。她仔细看了同学的文章，并且对比了自己的文章；几天后，小丽拿着自己重新写的文章，鼓起勇气重新投了一次稿，这一次网站编辑十分满意，直接采用了小丽的稿子，并且称赞小丽写得非常好！听了这样的肯定，小丽顿时又觉得其实网站的编辑并不是那么可恶，自己那些烦人的情绪立马没有了，并且也不再怕下次自己再投稿时被退回了。

读心课堂

如果思考一下为什么会感到胆怯这一问题，我们会发现怕“丢面子”可能是当中的一个重要原因。“丢面子非常伤自尊”,“会导致最糟糕的情况出现”……这些都是我们怕出丑的时候所思考的，而正是这些想法阻挡了我们的勇气，引起了我们的胆怯。可以说，让我们胆怯的，有些时候并不是我们所遇到的事，而是我们“不能丢面子”这个根深蒂固的信念。

这样的信念显然是不正确的，那么它主要表现在哪些地方呢？

（1）绝对化的要求；

（2）片面看待失败；

（3）把丢面子看得糟糕至极。

因此，在日常的学习生活中，当我们出现因“怕丢脸”而不敢去尝试甚至产生胆怯心理的时候，一定要和自己“怕丢脸”这种错误的观念做斗争，换一种积极的想法，从而战胜胆怯。

而战胜“好面子”思想，你可以试一试以下几个方法：

1. 分析法

当别人议论或反驳你时，你肯定会有“害羞”感或恼怒感，这很自然，每个人被人议论时，都有不适的感觉。但要分析对方所议论的对不对，是否真实存在。如果确实存在，那就虚心接受，接受错误，并改正错误。如果议论有不恰当的地方，不去置理，他们说他们的，自己做好自己的事就行了。

2. 心理暗示法

在心里告诉自己，别人的嘴巴，我封不住，让他们说去，只要自己心里清楚就行了，做到以静制动。有时候需与陌生人接触，或有事需求助他人，可能自己会因为爱面子，心里不愿意去做，但又不得不做，这时可以运用“行为训练法”，即在面对对方之前，模拟对话，多做几次表达训练。找到感觉了再鼓励自己行动起来，会有一定成效的！

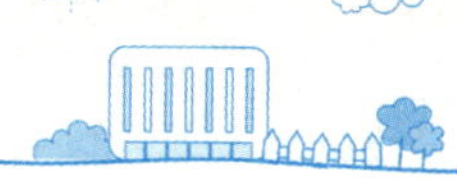

3. 韩信法

不在小事上要面子。韩信家境贫困，却有大抱负。在受到别人的侮辱后他能隐忍，不愿置身于小事之怨中，最终成就了一番事业。

最后，我们还应该牢记，面子是别人给的，而不是自己要来的。

心理百草园

中国人为什么会好面子

“好面子”思想在中国由来已久，它代表国人哪些需求呢？

首先，是对个人尊严与资源的渴望。

心理学家黄光国认为，汉字中的“脸”与“面”给人的心理感觉是不同的。“脸”是指道德法则下的判断，是对个人行为的是非判断，如骂某人“不要脸”；而“面”则包含有更多权力交换的意味，是对个人社交资源的体现。这就揭示了好面子的心理动因，即炫耀个人权力与能力。如，很多人炫耀自己可以做到别人做不到的事，其实就是在炫耀他拥有别人不具有的资源和权力，这就给了他“面子心理”的最大满足。

其次，自卑也会导致“好面子”心理。

自卑的人往往可以为了维护自己的面子而不顾一切，这就会导致“死要面子活受罪”的结局，到头来误己误人。“好面子”的危害，小到家庭为了婚丧嫁娶大操大办，而导致事后生活拮据，有的甚至还要还债；大到一个企业和国家，如日本的八佰伴连锁店，为了给企业脸上增光，不顾现实盲目扩张，最后陷入困境。

还有，阿Q精神也会导致“好面子”心理。

鲁迅先生笔下的阿Q在赵老爷面前唯唯诺诺、自卑得很，但是他被打了之后，却总是用“老子打儿子”来努力维护其可怜的自尊。这在心理学上是精神防御之“自圆其说”方法的典型表现。有了这种“面子”心理，虽可以缓解个人一时的精神苦恼，却不能使其面对现实，积极化解不良情绪。宋真宗在签订了“澶渊之盟”后，为了让他受伤的自尊心受到补偿，一口气把“五岳”都给封了禅。这种“面子”心理说明：有些人明明在别人面前感到自卑，却又不愿意让人看低自己，所以只能硬撑“面子”来聊以自慰。

最后，“羊群效应”也可导致“面子”心理。

所谓“羊群效应”就是盲目跟从、随波逐流。如，现在很多人热衷“名校”，你的孩子能进去，我的孩子如果不进去就没面子了。于是，名校就像是羊群喜爱的绿洲，只要一个家长给孩子报名，许多家长就跟风而至。这些人好面子主要是害怕别人瞧不起自己，最保险的办法就是随大流。

心灵鸡汤

古时候，有两个秀才一起去赶考，路上他们遇到一支出殡的队伍。

看到那口黑乎乎的棺材，其中一个秀才心里立即“咯噔”一下，凉了半截，心想：“完了！真触霉头，赶考的日子居然碰到这个倒霉的棺材。”于是，心情一落千丈，走进考场，那个“黑乎乎的棺材”也一直挥之不去，结果，文思枯竭，自己应有的能力没有发挥出来，最后自然名落孙山。

另一个秀才也同时看到了，一开始心里也“咯噔”了一下，但转念一想：棺材，棺材，噢！那不就是有“官”又有“财”吗？升官发财！好！好兆头！看来这次我要鸿运当头了，一定高中。于是心里十分兴奋，情绪高涨，走进考场，文思如泉涌，下笔有如神助，最后果然一举高中。

不同的想法就会有不同的结果，因此当你情绪不好，感到胆怯的时候，不妨问问自己，为什么这么不开心，是不是自己把有些事情想得太严重了，或是会错了意。换个想法，就能换个心情，走出胆怯。

4.2 自信是要诀

成长语录

有位哲人说过:“一个人,从充满自信的那刻起,上帝就伸出无形的手在帮助他。”而自信,则来自善于发现和创造各种正能量。

心灵絮语

小高是一个长得很瘦弱的男孩子,在学校里他平时表现都还不错,但唯一让人觉得不满意的地方就是,他总是一副畏首畏尾的样子。小高也觉得,自己是一个不受他人喜欢的孩子。有一次上数学课,小高被老师叫到黑板前解答问题。他刚走上讲台,就听见身后一阵哄堂大笑。下课后才知道同学们笑话他是因为,班上坐在他背后的一名捣蛋鬼,在他的衣服背后贴了一张小纸条,上面写着“笨蛋小高”。小高非常难受,回家后他对妈妈说:“同学们老是笑话我,我觉得很自卑,也不能集中精力听课,妈妈,我不想上学了。”小高的妈妈听了后语重心长地开导道:“你为什么不想办法让他们因佩服你而尊敬你呢?不必伤心,努力试着自信一些,让同学们喜欢你。”

小高回到学校后发现,当班上的班委非常吸引人,因为班委不仅可以帮助同学,而且还受到同学的尊敬和喜欢。因此,小高开始为下次班委竞选做准备,他开始试着和班上的同学说话,帮助班上的同学;同时,小高开始试着学演讲,好在班委竞选时能够很好地表现一番。

在班委选举上的成功激发了小高的自信心,小高第一次感受到了成功的喜悦,他开始在班上崭露头角。一年后,小高已经是年级上的风云人物,与当初那个没有信心的孩子有了天壤之别,全班的同学都对他刮目相看。

读心课堂

当我们因胆怯而一事无成时，我们会怀疑自己的能力，被自卑感打倒，于是我们觉得活得很痛苦，甚至暗淡无光。其实胆怯并不可怕，每个人都会有胆怯的时候，最可怕的就是你不自信不勇敢，如果是这样的话那么你做任何事情都会胆怯。而要克服胆怯，最重要的就是要学会自信、学会开朗，学会敢于展现自己。那么，在生活中怎样培养自己的自信心呢？

首先，要在思想上对自己有一个客观的认识。你需要对自己的优点、缺点有一个恰如其分的认识。

其次，要不断提高对自我的评价，对自己做全面正确的分析，多看看自己的长处，多想想成功的经历，并且不断进行自我暗示，自我激励。

最后，要想办法不断增加自己成功的体验，寻找一些力所能及的事情作为目标，努力获取成功。

美国心理学家布里斯托总结了一套增强自信训练的镜子技巧，大家不妨试一试：

站在镜子前，镜子并不需要很大，但应该有相当的尺寸，使你至少能看到身体的上半部分。

采用立正的姿势——笔直挺立，后跟靠拢，收腹，昂首，再做三四次深呼吸，直到对自己的能力和决心有了一种感觉，然后凝视眼睛深处，告诉自己会得到所要的东西，并大声说出它的名字。要看得见嘴唇的移动，听得清所说的话语。

这种做法要成为一种固定仪式，每天至少早晚两次，还可以增加内容，如将喜爱的口号或精彩的格言写在小纸条上贴在镜子上，只要它们确实代表你曾设想，并希望实现的某些事情，不用几天，自信意识将会增强，你绝不会想到它是由自身建立的。

自信对我们非常重要，在我们的学习生活中，自信是克服自卑、克服胆怯的重要法宝，自信给人以力量，给人以快乐，因此拥有了自信，就拥有了一种战胜胆怯的强大武器。

心理百草园

相信的力量——罗森塔尔的神奇实验

美国心理学家罗森塔尔和助手来到一所小学，声称要进行一个“未来发展趋势测验”。他们从每班随机选取3名学生共18人，将名单写在一张表格上，然后煞有介事地

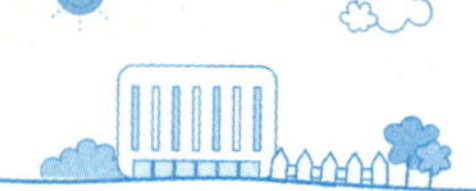

以赞赏的口吻，将这张“最有发展前途者”的名单交给了校长和相关教师，并且极为认真地说：“这 18名学生经过科学测定全都是高智商人才。但是，你们务必要保密，以免影响我们实验的准确性。”

事过半年，罗森塔尔又来到该校，奇迹出现了，凡是上了名单的学生，个个成绩都有了较大的进步，且各方面都很优秀。

显然，罗森塔尔的“权威性”发生了作用，对教师产生了暗示，左右了教师对名单上学生的能力评价。而教师又将自己的这一心理活动通过情绪、语言和行为传染给了学生，学生们强烈地感受到来自教师的热爱和期望，变得更加自尊、自信和自强，从而使各方面得到了异乎寻常的进步。

在这里，教师对这部分学生的期待是真诚的、发自内心的，因为他们受到了权威者的影响，坚信这部分学生就是最有发展潜力的。也正因如此，教师的一言一行都难以隐藏对这些学生的信任与期待，而这种“真诚的期待”是学生能够感受到的。

所以，你期望什么，你就会得到什么。只要充满自信地期待，只要真的相信事情会顺利进行，那么事情一定会顺利进行。这就是心理学上所说的“期望效应”。

心灵鸡汤

小泽征尔是世界著名的交响乐指挥家。

在一次世界优秀交响乐指挥家大赛的决赛中，他按照评委会给出的乐谱指挥演奏，敏锐地发现了不和谐的声音。起初，他以为是乐队演奏出了问题，就停下来重新指挥演奏，但还是不对。后来，他觉得是乐谱有问题。

这时，在场的作曲家和评委会的权威人士坚持说乐谱绝对没有问题，是他错了。

面对一大批音乐大师和权威人士，他思考再三，最后斩钉截铁地大声说："不！一定是乐谱错了！"

话音刚落，评委席上的评委们立即站起来，报以热烈的掌声，祝贺他大赛夺魁。

原来，这是评委们精心设计的"圈套"，以此来检验指挥家在发现乐谱错误并遭到权威人士"否定"的情况下，能否坚持自己正确的主张。小泽征尔因充满自信而摘取了世界交响乐指挥家大赛的桂冠。

4.3 搭建自己的舞台

成长语录

每个人都有一双隐形的翅膀，发现它，它就能带你飞翔。每个人都有一个隐形的舞台，搭建它，你便能在闪光灯下演绎自己的精彩。

心灵絮语

关山是偏僻山村里的一个普通孩子，性格内向，学习成绩也是中等水平，平时总是一个人闷着不怎么爱说话。由于家里很穷，所以为了上学，关山到了假期就会背上装满矿泉水和食品的背篓，去火车站向列车上的乘客兜售。可是，相比其他人，关山是一个不太会说话的人，因此，每一次其他伙伴争先恐后去兜售东西时，关山总是在一边低着头，默默地卖自己的东西。

这天，铁道上热浪滚滚，关山照例站在火车站卖东西，这时一列火车停在站台边，一个面孔黝黑的乘客看见离他比较近的关山，便拿着钱对关山喊："快，来五瓶水！"关山抓起水送到窗口，正找钱时，火车却慢慢开动了。关山急忙找好了钱，正要递过去时，火车竟慢慢加速了，买水的乘客着急地喊道："快点找钱，火车要开了！"

关山闻言，双臂一甩，将背篓甩掉，二话不说迈开长腿就追上去，铆足了劲儿跟着火车向那个窗口冲了去。乘客们吃惊地看着这个飞速奔跑的孩子，同时也为他的执着感动。终于，关山在火车再次提速前将钱塞进了那个车窗……

后来，关山开始注意到自己在跑步上的优势，并最终因为跑步的天分而进入了国家队，成为了一名田径运动员。在获得大奖后，他依然不善言辞，但是，每当别人问起他为什么会当田径运动员时，他总会想起当年那个追着火车奔跑的自己。

快，来五瓶水！

1

！

快点找钱，火车要开了！

2

3

快点！就差一点了！

4

给您。

不错呀！小伙子！

读·心·课堂

胆怯，会让我们失去自信，让我们认为自己一无是处。每当这个时候，我们需要明白的是每个人都有自己的长处，比如说也许你不如同学长得漂亮，但你却有一双灵巧的手，能做出各种可爱的小工艺品；比如说你现在可能并不擅长交谈，但是你却写得一手好文章。如家喻户晓的作家大仲马，他在年轻的时候也曾是一个“一无是

处”的潦倒青年，但在一次机遇中他看到了自己身上的亮点。而正是这一次的发现，促使他在数年后写出了享誉世界的经典作品。

其实，每个人都应该充分了解自己的长处，根据自己的特长来进行定位或重新定位，发扬长处，而不是仅仅看到让自己胆怯或者因胆怯而没有发展的短处。

那么，我们该如何去找到隐藏起来的长处并让其成为自己的优势呢？

（1）首先我们要有一个正确的态度，即相信每一个人都存在各自的长处。

（2）关注自己，不要把自己的成功当作理所当然，对自己成功完成的事情都给予重视，并从中寻找自己拥有的长处。

（3）在看到自己的闪光点后，要持之以恒地有意识地锻炼自己的长处，让它们不仅仅停留在一般长处的水平，而是不断地被塑造，使之成为自己的优势。

（4）合乎自己的兴趣。兴趣是一切成功的起点，寻找闪光点的时候，最好从自己感兴趣的方面着手，因为只有感兴趣，才愿意去坚持。

（5）不放弃每一个机会。或许一个无意间的表现，就会让你发现自己潜在的才能。

其实我们每一个人都拥有属于自己的特别能力，但更重要的是要去了解、去挖掘出自己的特别能力。只要我们愿意挖掘，一定可以挖出一个令人惊讶的金矿。

心理百草园

心理学家如何帮助彼得消除恐惧

彼得是这样一个小男孩，他不仅害怕大白鼠，也害怕兔子、毛大衣、羽毛、棉团、青蛙、鱼和机械玩具等。他妈妈带他找到美国著名的心理学家华生，请他帮助彼得战胜胆怯。

一开始，华生的研究生琼斯想出了一个好主意：她把彼得置身于他所害怕的动物面前，同时让其他一些不害怕这些动物的小朋友和这些动物一起玩。她推想彼得的好奇心可能足以使他战胜恐惧。这种方法确实取得了一定的效果，彼得的恐惧也开始逐渐消退。

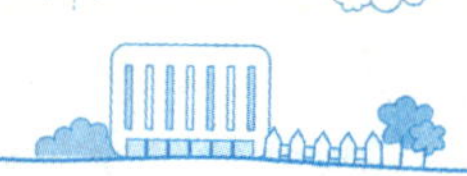

不幸的是，在实验过程中彼得患了猩红热，住了两个月院。出院那天，正当他和护士上出租汽车时，有一只个子很大的狗向他们发起了攻击。当彼得躺在汽车上时，他显得精疲力竭，比以前更害怕这些动物了。

华生和琼斯决定变换一下方法帮助彼得，他们别出心裁地利用彼得吃午饭的时间进行实验：他们把彼得领进一个大饭厅里，让他坐在一把高椅子上，当他吃得正高兴的时候，把一只兔子放在远处让彼得看。因为距离远，兔子又是放在铁丝笼子里的，彼得并不害怕，照样吃他的饭。以后每当吃午饭时便如法炮制，不过逐日将兔子移近，再后来直接把兔子放在桌上，进而又放在彼得的大腿上，最后彼得一手吃饭，一手玩兔子，恐惧就这样被消除了。

心灵鸡汤

隐形的翅膀

每一次 都在徘徊孤单中坚强
每一次 就算很受伤也不闪泪光
我知道 我一直有双隐形的翅膀
带我飞 飞过绝望
不去想 他们拥有美丽的太阳
我看见 每天的夕阳也会有变化
我知道 我一直有双隐形的翅膀
带我飞 给我希望
我终于 看到 所有梦想都开花
追逐的年轻 歌声多嘹亮
我终于 翱翔 用心凝望不害怕
哪里会有风 就飞多远吧
不去想 他们拥有美丽的太阳
我看见 每天的夕阳也会有变化
我知道 我一直有双隐形的翅膀
带我飞 给我希望
我终于 看到 所有梦想都开花
追逐的年轻 歌声多嘹亮
我终于 翱翔 用心凝望不害怕
哪里会有风 就飞多远吧
隐形的翅膀 让梦恒久比天长
留一个愿望 让自己想象

——选自歌曲《隐形的翅膀》

4.4 你开口就成功

成长语录

胆怯由心而生，却可止于口。语言最能在无形中给你勇气，即使心还在害怕，但只要开口，勇气便能源源不断而来。

心灵絮语

吴小小是学校里的小记者，这周她需要采访一位来校举办讲座的教育家。

最开始接到这个任务时，她感到惴惴不安，她认为自己似乎并不善于做采访。尽管如此，吴小小还是做好了采访前的准备。

采访那天来临时，教育家先是参观学校。这期间，吴小小一直不敢上前，尽管她给自己加油打气了很多次，但一想到要做采访，她就退缩了。

眼看着教育家快进礼堂了，人群中的吴小小知道如果再不上前可能就没有机会了，于是她咬了咬牙，快步冲上前去，在教育家诧异的眼光中，对教育家说："我是××级××班的学生，也是一名校园小记者，非常崇拜您，所以，可以在您讲完后占用您十分钟的时间，做一个采访吗？"教育家听了她的话，非常佩服她的勇气，他微笑着说："当然可以，在演讲完后，我给你十分钟的时间。"说完，教育家走入了礼堂，吴小小高兴得跳了起来，她终于得到了这次采访的机会。

教育家非常愉快地接受了吴小小的采访，不过并不仅仅是十分钟，而是半个小时。吴小小非常圆满地完成了任务，这次采访后所写出来的文章不仅刊登在了校报上，还有一个非常知名的杂志也采用了吴小小的文章。

怎么办？
再不上前教育
家就要进去了！

我能打扰您
十分钟做采
访吗？

嗯？

当然可以。
在演讲完后，
我给你十分
钟的时间。

耶！
我办到了！

读心课堂

胆怯者总是苦于与他人交谈，他们唯恐自己给人留下不佳的印象。

然而，研究者发现，我们在感到胆怯，而又与人交谈时，总是下意识地使用一些口头禅“是的，我同意”或“嗯，很有趣”。而这些话总是不由自主地给人一种冷淡和回避的印象；但是，其他人很可能并不明白这是由于你胆怯引起的，他们会将你的这些语言解释为清高、自负和不屑，这样通常会使得胆怯者更加慌张和难堪。

因此，语言对于我们非常重要，良好的语言能力能够让人感到热情友好，易于接近，我们也会得到他人的主动回应。气氛一旦友好而轻松起来，我们所产生的胆怯之感自会烟消云散。

那么，在语言交谈的环境里，我们又该注意哪些事情呢？

（1）在连续讲话时不要担忧中间会有停顿，因为停顿一会儿是谈话中的正常现象。

（2）当谈话出现冷场时，你可主动问一些较随意的问题，如“你对自己的学习满意吗？”等。问一些能打开话题且无固定答案的问题可以表明你的友好态度，这样一些问题也能使话题放在他人身上，而不是自己身上。一方面能够让气氛融洽起来，另一方面，也能够让你避免因为话题在自己身上而使你更加胆怯。

(3) 在谈话中，当你感觉脸红时，不要试图用某种动作掩饰它，这样反而会使你的脸更红，进一步增加你的羞怯心理。如果你发现自己脸红，可以不管，或者通过自我解嘲的方式来化解自己的尴尬，缓解气氛。

(4) 胆怯并不等于失败，这只是由精神紧张引起的，并非不能应付社交活动。如果自己对某些事存在胆怯心理，不必对自己的这种心理太在意，要知道胆怯是人人都有的，因此带着胆怯开口也很正常。

心理百草园

语言的力量

夏威夷大学心理学教授斯科特·辛尼特等人研究发现，网球运动员在比赛中大声叫喊，不仅能给自己助威，还能干扰对方心志，提高成功的胜算。莎拉波娃、纳达尔等球星就经常使用这一招。

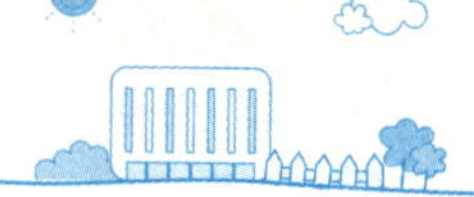

不仅打网球如此，很多举重运动员上场前也会大喊几声，仿佛喊一声就能多举几公斤；跆拳道选手每做一个动作也会发出“呀、哇、噻”的喊声。

事实表明，这一嗓子并不是白喊的。首先，它能“叫醒”大脑，刺激机体迅速进入兴奋状态。其次，它能凝神壮胆，有助于集中注意力、增加自信心。最后，大喊能分散对方的注意力，干扰对方情绪，给对手造成心理压力。

生活中同样如此，有人根据这个原理提出了“自信呐喊训练法”，鼓励人们用最大的音量喊出激励自己的话，比如“我能行”“我最棒”等。美国总统奥巴马当年参加竞选时，就以一句“Yes，we can！（是的，我们可以）”喊遍美国。

这一喊，不仅能让别人如雷贯耳，更主要的是要让内心深处的“自己”也能听得到！

心灵鸡汤

在我们的生活中，语言是沟通的桥梁，除了口头上的语言以外，身体语言也同样重要，因此，在我们交谈的过程中，正确的身体语言该如何表现呢？推荐一种威斯姆称为“SOFTEN”的方法：

S 代表微笑(Smile)，在交谈的过程中应面带微笑。

O 代表开放的姿势(Open Posture)，如手臂和双腿张开，给人一种坦率的感觉。

F 代表身体向前倾(Forward Lean)，表示你对当前的话题非常感兴趣。

T 代表友好的接触(Touch)，如握手等表示友善的触碰。

E 代表善意的目光(Eye Contact)，交谈时忌讳不与他人对视。

N 则表示点头(Nod)，表明你正在倾听或理解他人的谈话。

当你以“SOFTEN”的形象与人交谈时，就会给他人留下亲切随和的印象，同时，这样的一些小细节也会为你增添更多的自信。

4.5 迈出第一步

成长语录

如果问什么是改变的开始，那么答案一定是行动！不逃避那些让自己胆怯的事情，就是迈出了成功的第一步！

心灵絮语

小平是一个留守儿童，从小跟着爷爷奶奶长大。

由于爷爷奶奶岁数已高，很少管教小平，也不了解小平的想法，小平的性格渐渐地变得越来越内向。去县城上了初中之后，小平的成绩更是一路下滑，人也开始变得自卑，只和同桌说话，而跟老师和别的同学一说话就脸红、心里发慌。在公共场合就更拘束了，眼睛不敢看人，手脚不知往哪里放，说起话来也结结巴巴的。

爷爷奶奶了解了这样的情况后，也没什么办法，只能骂小平胆小鬼、窝囊废。小平也不知道该怎么办，于是从那以后，他便开始逃课。

小平的班主任是一位姓张的年轻老师，他注意到小平的情况，决定帮助小平走出现在的困境。

张老师认为，行动是改变心理的妙药。对于小平来说，心理的转变最终还必须依赖积极的行动。为此，张老师在对小平进行了几次谈心之后，让小平开始从一些小事上改变自己，比如注意自己的衣着，让自己每天都干净整洁，同时鼓励小平去做一些帮助他人的事情，让他在同学的赞美中恢复自信，并且尽可能让小平去参加班级活动。

在张老师一学期的帮助下，小平又逐渐恢复了以往的性格，并且小平的成绩也慢慢开始提高。

读·心·课堂

行动是改变心理的良药。从故事中我们也可以看出，打败心中的胆怯最终还必须依赖积极的行动。那么，我们应当如何从行动上训练自己，进而战胜怯弱呢？

首先要明白的是，行为训练应当从小事做起，例如：

（1）安静。安静是战胜胆怯的关键。每天起床之后，在进行所有的活动、重大事情及谈话前，先安静一段时间，保持全身放松，意守丹田。

（2）主动挑前面的位子坐。在班级举行活动或学校举行集会时，主动挑选前面的座位坐，培养自己敢为人先的意识，锻炼自己的胆量。

（3）改变行走的姿势与速度。调节走路的节奏，甩开胳膊，挺直脊梁，加快步幅，会有一种轻松愉悦的感觉。研究表明，一个人行走的姿势、步伐是与其心理状态相关的，它有助于人的心境调节。

同时，我们应该有计划地做一些需要鼓足勇气锻炼自己克服怯弱的事情，比如多尝试参加活动与班上的工作，多交一些说得上话的朋友，建立起各种伙伴关系。这可以丰富自己的生活，使胆怯无容身之地。

胆怯形成的原因有很多，但是当我们对它有了深刻的认识之后，再辅以积极的行动，相信我们一定能够战胜胆怯。

心理百草园

战胜胆怯要从小事做起，仅仅一个身体姿态的改变也会使你的自信增加。你知道哪些小习惯可以增加自信吗？

1. 避免将手插入你的口袋

其中一个展示自信的最佳技巧就是不要将你的手插入口袋。当我们觉得焦虑时会下意识地将手插入口袋中，而保持你的手置于口袋外暗示了你的自信并告诉人们你没有什么可隐瞒的。试着将手贴在大腿外侧吧，这是一种更自信的姿势。

2. 不要做小动作

做小动作是一种很明显的焦虑信号，一个不能保持安静的人，是一个容易担忧、紧张和不自信的人。

3. 不要双眼目视前方

在身体语言中，保持双眼目视前方通常会告诉他人你并不想进行交流或接触。

4. 挺胸站直

挺胸站直是最重要的。这是一个极大的挑战，尤其在生活中你如果有点驼背的话。笔直站立可能是在交流中展示自信最重要的方式。

5. 大步前进

一个充满自信的人从不会被描述成“抱头鼠窜”“缓缓爬行”或是“鬼鬼祟祟”的，如果你想通过身体语言展示自信的话，那你的步子得迈得更大些。

6. 有力的握手

几乎没有什么比在介绍时握手就像握住了一条死去的鱼那样更糟糕的事情了。反之，有力地并充满自信地握住他人的手，甚至双手握住他，这会使你显得热情而自信。

7. 整洁的仪表

整洁的仪表在通过肢体语言进行交流的过程中是很重要的内容。你希望的是你的头发、面容甚至是你的气味为你服务而不是破坏你的交流。

8. 微笑

自信的人微笑是因为没有什么能使他担忧的。因此微笑代表着你的自信。

9. 交际时不要双臂交叉

双臂交叉是一种防卫姿态。你会乐意同双臂交叉的人进行交谈、开玩笑或是共事吗？不会，对吧。因此，放轻松些，不要交叉你的双臂。

10. 用接触动作表达欣赏

轻轻拍击后背可以表达赞赏之情。当你的朋友或同事蹦出一句妙语或有精彩的表现时，不要害怕去拍击他或她的后背。

心灵鸡汤

亚历山大大帝在进军亚细亚之前，决定破解一个著名的预言。这个预言说的是，谁能够将朱庇特神庙的一串复杂的绳结打开，谁就能够成为亚细亚的帝王。在亚历山大大帝破解这个预言之前，这个绳结已经难倒了各个国家的智者和国王。由于这个绳结的神秘性，所以能否打开这个绳结也关系着军队的士气。

亚历山大大帝仔细观察着这个结。果然是天衣无缝，找不着任何绳头。这时，他灵光一闪：“为什么不用自己的行动来打开这个绳结呢！”

于是他拔剑一挥，绳结一劈两半，这个保留了百年的难题就这样轻易被解决了。

亚历山大大帝勇于行动，一心奔赴目标，不墨守成规，显示了非凡的智慧和勇气，注定会成就一番伟业。

第五篇　勇敢没有那么难

篇首语

如果我们都安于现状，一旦有什么新的事物出现，需要我们改变现状时，我们都会比较畏惧。但是正因为有新事物的出现，我们的生活才变得越发多姿多彩，而不是一成不变。当我们去尝试新事物、新方法时，勇敢地跨出那一步，你会发现：勇敢远没有我们想象的那么难！

5.1 不再说害怕

成长语录

在人生的任何时候都不要害怕从头再来，因为每一个看似低的起点，都有可能是通往更高峰的必经之路。

心灵絮语

星期天，几个小伙伴决定一起去爬山，小军却犹豫不决了。从小他身体一直很差，因而牢牢记得母亲的告诫：不要冒险。

“来呀！”朋友招呼他，“别当胆小鬼。”

“来了。”小军一边回答一边跑了起来。其他孩子都一个接一个地向山上的一块峭壁爬去，他也跟着爬起来，战战兢兢，汗流浃背。不久他们便开始向山顶进发，到那里后他们将沿一条弯弯曲曲的小路回家。

“等等我，”小军无力地叫着，“我害怕……”

“再见吧！”其他孩子说，他们爬上山顶以后都从高处看着他，嘲笑他，最后大伙直接走了。

向下望使他胆怯，而去山顶的路又更糟。时间在流逝，暮烟四起，一片寂静。恐惧与劳累使他茫然不知所措，他趴在地上，动也不敢动……突然森林中晃动着手电筒的光芒。他听到小伙伴与父亲的声音。父亲用一种轻松的口气说：“下来吧，孩子，晚饭已经准备好了。”

“我不敢。”

"听着，"父亲说，"先不要想那么多，你眼下的全部考虑就是如何跨出第一步，你能办到这一点的。你看见峭壁下面那块石头了吗？试着把左脚蹬在那块石头上，先别担心下一步该怎么办。"

他小心翼翼地用左脚试探到那块石头并且踩了上去，一次跨一步，慢慢向山下走去。

最后，离地面不远的他奋力跳入父亲有力的双臂中，此时，一种强烈的成就感涌荡在他的心头。

读心课堂

当我们内心感到害怕时，如果告诉自己：我很害怕，真的害怕！这时你会发现自己真会越来越胆怯，越来越不敢向前迈步。而当我们面对恐惧时，告诉自己：没有问题，我可以勇敢闯过去！这时你的勇气会大增，你会发现原来勇敢也可以激发自己的潜能。

我们怎样才能做到不畏惧、不退缩，面对困难迎难而上呢？

1. 学会坚强，培养自己坚强的品格

坚强的人像一颗金子，无时无刻不绽放光彩；而脆弱的人就像一颗顽石，即使放在耀眼的金盘中也不会得到别人的重视。那么，要培养自己坚强的品格，我们可以这样做：

首先，要不怕挫折和失败，并能够经受挫折和失败的打击；

其次，在面对挫折和失败时大声告诉自己：我能够坚持，我相信自己一定会成功；

最后，寻找榜样，在自己害怕、脆弱的时候以榜样来鼓励和暗示自己。

2. 克服恐惧，学会控制自己的恐惧情绪

正视恐惧情绪。恐惧的情绪人人都会有，它是上天赐给我们的礼物，以帮助我们更好地适应环境。

积极地掌握对恐惧的主动权。主动、积极地去接触让自己惧怕的东西或场景，例如，如果害怕在人前讲话，那么就偏要当众讲话，久而久之，讲起话来就会自然、大方了。

3. 增强行动力，学会拥抱失败

首先，应重新解读失败，就如爱因斯坦一样，他经过上千次的失败才成功，当记者问他怎么看待这些失败时，他却说："我没有失败，我只是在尝试很多种不成功的方法而已。"

其次，努力尝试拥抱失败。对失败的恐惧都是我们自己想象出来的，其实真正的失败并没有我们想象的那么无法承受；相反，我们还会因为自己尝试过了而对自己有积极的评价，进一步增强行动的勇气。

心理百草园

用“补偿心理”超越自卑胆怯

补偿心理是一种个体在适应社会的过程中总有一些偏差，力求得到补偿的心理适应机制。在补偿心理的作用下，自卑胆怯具有使人前进的反弹力。由于自卑胆怯，人们会清楚甚至过分地意识到自己的不足，这就促使其努力学习别人的长处，弥补自己的不足，从而使其性格受到磨砺，而坚强的性格正是获取成功的心理基础。

自卑胆怯能促使人走向成功。在每个人的内心深处都有一种灵性，凭借这一灵性，人们得以完成许多丰功伟业。这种灵性是潜藏于每个人内心深处的一股力量，即维持个性、对抗外来侵犯的力量，它就是人的尊严和人格。人们为了维护自己的尊严和人格，就要自己克服自卑胆怯、战胜自我。因此，令人难堪的种种因素往往可以成为发展自己的“跳板”。一个人的真正价值取决于我们能否从自我设置的陷阱里跳出来，而真正能够解救我们的，只有自己。

强者不是天生的，强者也并非没有软弱的时候，强者之所以成为强者，在于他善于战胜自己的软弱。所以，不要怀疑自己、贬低自己，只要勇往直前，付诸行动，就一定能走向成功。久而久之，我们就会从紧张、恐惧、自卑的阴影中解脱出来。因此，不甘自卑胆怯，发愤图强，积极补偿，是医治自卑胆怯的良药。

“补偿心理”是一种使人转败为胜的机制，只要运用得当，将有助于人生境界的拓展。但应注意两点：

一是不可好高骛远，追求不可能实现的补偿目标；二是不要受赌气情绪的驱使。只有积极的心理补偿，才能激励自己达到更高的人生目标。

心灵鸡汤

勇敢的心

我不是一块石头 也不是一滴眼泪
我只是一只小鸟 在寻找家的方向
我不是一粒沙子 也不是一声轻叹
我只是一个孩子 在寻找爱的怀抱
这是飞一样的感觉 这是自由的感觉
在撒满星星的天空迎着风飞舞
凭着一颗永不哭泣勇敢的心
这是同样的感觉 这是颤抖的感觉
在布满力量的大地带着痛狂奔
凭着一颗永不哭泣勇敢的心
这不是一种幻想 也不是一种痴狂
这就是我坚信的 灿烂生命的模样

——选自歌曲《勇敢的心》

5.2 勇敢没有你想象的那么难

成长语录

人的一生中，最光辉的一天并非是功成名就的那天，而是从悲叹与绝望中产生对人生的挑战、以勇敢迈向意志的那天。

心灵絮语

小红是一个性格内向的女孩，不太爱和别人玩，只专心于学习，因此朋友比较少，她也一直没有在意自己缺少朋友这件事。

随着年龄的增长，她渐渐意识到自己的人际圈太窄了。于是，她想改变这个现状。

当她满心欢喜准备多交几个朋友时才发现，周围的同学都有了自己的好哥们、好姐妹，其他人很难能进入他们的圈子。当她和同学们在一起时竟然不知道该说些什么，也不知道该怎么说。她很担心自己如果不小心说错了被别人笑话该怎么办，别人不高兴和自己聊天该怎么办。有时候她甚至认为如果自己走过去加入其他人的讨论，别人会嫌弃她而都散开。

小红很担心，认为勇敢离自己太遥远，自己太内向，要想多交到朋友很困难。

1

2

有朋友真好……

3

对了！
我也可以交些
朋友呀！

4

可是，可是我又怕
她们不接纳我……

读心课堂

小红渴望走出自己的圈子，结交更多的朋友，可是却始终无法战胜自己，勇敢地迈出第一步。那么，像小红这样的人怎样才能变得更加勇敢呢？勇敢是大胆做成一件事的必要条件，要勇敢，你就得这样：

1. 假装你是勇敢的

假设你是那种要多勇敢有多勇敢的人，你觉得你会怎么做呢？如果你认识一些勇敢的人，想象他们是怎么做的；如果你不认识那样的人，想象一下电影或书本里面那些敢做敢为的角色。每天花一个小时或者一周花一天的时间假装自己是他们。当你要做这些的时候，到那些没人认识你的地方，而且那些人不会因为你做了不符常规的事而

感到惊讶。通过行动来看会发生些什么——也许你会发现勇敢之后会发生多么惊人的现象，你可能会很坚定地将这种勇敢的行为融入你的日常生活中。

2. 迈出第一步

当你感到犹豫时，请记住，自信一点，迈出第一步。当你将自己推向自己能力极限的时候，让你感到恐惧的事就会开始减少，久而久之，你会渐渐发现，那些未知的恐惧没有你潜意识中认为的那样危险，勇敢远没有你想象中那么难。

3. 做一些无法预料的事

你做什么事足以让那些认识你的人惊讶呢？穿高跟鞋？高空跳伞？勇敢的人不会害怕尝试新的事情，其中一个原因是，他们在某个领域中是如此突出、如此令人震撼，所以人们总是对他们进行猜测。你可以从小事做起，可以穿一些与平常款式和颜色不同的衣服，

去一些你平常不会去的地方。最后，你可能会告诉别人一些关于娱乐的新点子，当你提及这些的时候，会让别人大开眼界。

心理百草园

勇气商

为什么护身符具有某种魔力？为什么见义勇为的人越来越少？为什么人们会患有各类恐惧症？为什么你总觉得自己缺乏足够的勇气？如何克服内心的恐惧？如何成为生活中真正的勇者？

关于勇气的一切答案，就在《勇气》这本书中。很多人都认为勇气“与生俱来，不可强求”，但这本关于勇气的书则令人醍醐灌顶——其实，绝大多数人都没有充分意识到自己所具有的勇气，而且勇气是可以在后天习得的。

《勇气》的作者罗伯特·比斯瓦斯·迪纳是一位世界知名的心理学家，因其超乎寻常的勇气被誉为“积极心理学界的印第安纳·琼斯”。基于他创新性的研究以及遍布世界范围的调查访问，他在书中提出了“勇气商”的概念，同时告诉我们：拥有勇气的关键就在于有效控制恐惧，增强行动意愿，提高“勇气商”，从而拥有幸福成功的人生。

科学研究证实了只有勇敢追求目标的人才能够获得更大的成功与快乐。

心灵鸡汤

敢唱“空城计”的诸葛亮

三国时期，诸葛亮因错用马谡而失掉战略要地——街亭，魏将司马懿乘势引15万大军向诸葛亮所在的西城蜂拥而来。

当时，诸葛亮身边没有大将，只有一班文官，所带领的五千军队，有一半去运粮草了，只剩2500名士兵在城里。众人听到司马懿带兵前来的消息都大惊失色。

诸葛亮登城楼观望后，对众人说：“大家不要惊慌，我略用计策，便可让司马懿退兵。”

于是，诸葛亮传令，把所有的旌旗都藏起来，士兵原地不动，把四个城门打开，每

个城门之上派20名士兵扮成百姓模样，洒水扫街。诸葛亮自己披上鹤氅，戴上高高的纶巾，领着两个小书童，带上一张琴，到城上望敌楼前凭栏坐下，燃起香，然后慢慢弹起琴来。

司马懿的先头部队到达城下，见了这种气势，都不敢轻易入城，便急忙返回报告司马懿。司马懿听后，笑着说："这怎么可能呢？"于是便令三军停下，自己飞马前去观看。

离城不远，他果然看见诸葛亮端坐在城楼上，笑容可掬，正在焚香弹琴。左面一个书童，手捧宝剑；右面也有一个书童，手里拿着拂尘。城门里外，20多个百姓模样的人在低头洒扫，旁若无人。司马懿看后，疑惑不已，说道："诸葛亮一生谨慎，不曾冒险。现在城门大开，里面必有埋伏，我军如果进去，正好中了他们的计。还是快快撤退吧！"

诸葛亮用自己的勇敢和才智演了一出"空城计"，未用一兵一卒就退了司马懿15万大军，真可谓勇者无敌啊！

5.3 向别人推销自己

成长语录

在你成功地把自己推销给别人之前，你首先必须百分之百地把自己推销给自己。你必须要相信自己，对自己充满信心。

心灵絮语

小杨从小就怕生人，很少和邻里小孩们玩耍，经常一个人泡在图书馆里看一些书籍。接触到大量的书籍后，小杨开始对演讲感兴趣，了解了历史上很多著名的演说家，对于他们的著名演讲更是倒背如流。

但是由于小杨成绩并不理想，在学校里很少受到老师的关注。这也让小杨觉得受到了冷落。于是他开始训练自己的演讲能力，从语言表达能力到演讲稿的构思和文字的运用等方面，他每天都坚持写一篇演讲稿，大声地演讲十遍。学校一有演讲比赛他都会积极准备，但老师却只挑选成绩好的同学去参赛，根本不给他机会。小杨一直很生气。

直到一次关于“中华魂”的全国性演讲比赛，学校需要选出优秀代表去参加区里的比赛。这次，小杨认为机会来了，所以当老师又在班上准备选择成绩优秀的同学时，小杨当场站了起来，很不服气地说：“老师，我也要参加这次比赛。我认为我的演讲能力比他更好。”老师很惊讶，于是让他当场展示。小杨内心激动，把心里早就准备好的稿子热情地演讲了出来。演讲效果很好，全班报以热烈的掌声。

后来，小杨成功地参加了比赛，并且在区里的比赛中还获得了第一名。从此以后，有任何大大小小的演讲比赛小杨都不放过，现在他不仅是全校有名的小小演讲家，还成为了市电视台少儿演讲比赛的形象大使。

我也要做一个优秀的演讲家！

哎！如果这次不抓住机会的话……

这次的演讲比赛……

嗯？

老师！我也想参加比赛！

荣誉证书
小小演讲家

读心课堂

要想成功地向别人推销自己，首先得要把自己成功地推销给自己，其次还得掌握一些技巧和方法。

1. 积极自我暗示，相信自己能行

要相信别人能行，自己也能行；其他同学能做到的事，相信自己也能做到。要善于在课桌上、床沿边上写激励语：“我行，我能行，我一定行！”“我是最好的，我是最棒的！”每天早晨起床后、临睡前各默念几次，给自己鼓劲打气。这样，通过自我积极的暗示，就会鼓舞自己的斗志，增加心理力量，使自己逐渐树立起自信心。

2. 注意仪表，保持精神风貌

漂亮的仪表能够得到别人的夸奖和好评，提高人的精神风貌和自信心。不够自信的学生特别要注意学会从头到脚扮靓自己。你可以多关注一下有精神的人的外表，向他们学习。每天保持美观的发型，整洁、大方的衣着，干净、微笑的脸庞。当你的仪表得到别人的夸赞时，你的自信心也一定会油然而生的。

3. 练习正视别人，提高自我胆识

一个人的眼神可以透露出许多有关他的信息。不敢正视别人是胆怯、心虚的表现。在学习和生活中要经常提醒自己要面带微笑，正视别人，用温和的目光与别人打招呼，用点头表示问候，用聚精会神、专心致志的听讲表示对他人的理解与支持。这种练习不但能增强你的亲和力，而且还能为你赢得别人的信任，增强你的自信心。

4. 坚持当众说话，勇敢吐露见解

当众说话是建立自信心最快的手段。在课堂上或其他公开场合要尽量举手发言。不管回答问题有无把握，是否全面，站起来大胆说，说错了也没关系，只要把自己的想法说出来，相信老师和同学们都会为自己鼓掌。记住，只要敢讲，就会比那些不敢讲的同学收获大。这样做不但能够增加我们的知识，锻炼我们的勇气，而且还能够增强我们的自信心。

心理百草园

甜柠檬效应的启示

甜柠檬效应是指人们在追求预期目标但失败时，为了冲淡自己内心的不安，就百般提高现已实现的目标价值，从而达到心理平衡、心安理得的现象。

这一术语来源于伊索的寓言故事：有一只狐狸原想找一些可口的食物，但遍觅不着，只找到一只酸柠檬，这实在是一件不得已而为之的事，但它却说：“这柠檬是甜的，正是我想吃的。”得到柠檬就说柠檬是甜的这种自我安慰现象，有人也称之为“甜柠檬心理”或“甜柠檬作用”，其实质是一样的，都是为了把不好的刺激变为好的刺激，以达到自我心理平衡，免去自我烦恼与痛苦。

甜柠檬效应有什么作用呢？

1. 淡化作用

有些人能够很好地正视自己的能力，把自己原先追求的过高目标加以调整，调整到使自己通过努力而能达到的目标，这样就会淡化原先预期的目标，从而使自己不会为达不到预期目标而痛心苦恼。

2. 提高作用

一般来说，人们对所追求的目标给予高度的期望，赋予极高的价值。但在一时实现不了时，为了自尊心的满足，不得不回到自我的现实中来，从而珍惜已拥有的，并把已实现的目标加以美化，认为这已是最好的，其他的目标是一种理想化的东西、是不现实的，即使实现不了也无所谓。这种夸大已实现的目标价值，改善自己已有现状从而产生甜柠檬效应的现象，就是甜柠檬效应的提高作用。

3. 去痛作用

多数人在达不到目标时都会想办法去除内心的痛苦，而甜柠檬效应正好有这种功效。当达不到目标时我们可以放弃原来追求的理想化目标，把自己的注意力、情绪调整到现在自己重视的已实现的目标上来，同时再设定新的目标，这种去痛作用可以使失败者安全地“软着陆”，对维护心理健康来说是有帮助的。

心灵鸡汤

自从乔·路易崛起于底特律的贫民区，而成为1937年美国拳击的重量级冠军后，从未有过另一位冠军有像穆罕默德·阿里般的勇气和冲劲。

在休息室内，在拳击赛中，在电视电影的摄影机前，在报纸杂志上，阿里现身说法，告诉所有的人，他是第一号人物。他当时说的一句话“我是最伟大的！”变成了注册商标。

阿里在赛前也不忘进行自我推销，他告诉新闻界：“我将在5秒之内把对手击倒，令他招架不住。”他说这句话究竟有何目的呢？其实，他只是在进行自我推销而已。当他的对手听到这句话时，自信心便开始有些动摇，并且不敢肯定自己。比赛前阿里便瞪着他的对手，像是在告诉他："我要给你一点颜色瞧瞧！"这些都是阿里自我推销的一种方式。

但是当阿里第一次和利欧·史宾克比赛时，他没有做好正常的自我振奋步骤，结果全世界的人都看到阿里被击败了。他失败于没有向自己推销自己，他失败于未能再度肯定自己是第一号人物。当他第二次与史宾克对抗时，他没有忘记这一点，于是全世界的人又看着他再度夺得世界重量级冠军的头衔，阿里果真是最伟大的！

5.4 让内心强大起来

成长语录

内心的强大才能让你坦然面对每一次的不幸遭遇。

心灵絮语

小帅是一个成绩优异，深受老师和同学喜爱的孩子。他天性爱玩，在一次踢足球比赛中不小心摔折了腿，为此休学住院治疗了一个学期。可是小帅一直放心不下学习，

怕耽误学习，所以他不想住院治疗。但小帅的病情较为严重，在父母和老师的劝说下他才勉强同意住院治疗。在住院治疗的这一学期中，小帅时时刻刻都很担心自己的学习成绩，于是要求把课本带到了病房，每天总会花一两个小时看看书，有时候看书很累就拿着书本睡着了，就这样他坚持了一个学期。刚出院了，小帅就返回到学校和同学们一起学习，刚开始不太适应长时间的学习，他就在桌子上贴便条提醒自己保持清醒、认真学习。就是凭着这样一颗不放弃、不怕苦的心，小帅在一个月后的考试中又取得了前三的优秀成绩。他的坚强让全班同学都深受感动。

 读·心·课堂

小帅在面对一个学期的休学时，并没有放弃学习，而是坚持在病房看书学习。他到底有多大的决心才能做到这样的努力和勤奋呢？可想他的心理一定很坚强、执着，一定有一个信念在支撑着他，因而他的内心无比强大。那么我们可以从哪些方面来培养我们强大的内心呢？

1. 坚持记日记

每天把发生的事情记录下来，不仅是记录下自己成长的足迹，更是为了随时提醒自己，曾经我们也成功过，能让我们在心灰意冷时感受到希望；曾经我们也有过失败，在我们取得成功时不会懈怠，而是继续前行。

2. 向朋友寻找帮助

要想成为一个内心强大的人，仅靠自己的力量是不够的，因为我们生活在一个人与人互动交往的世界，封闭自己的内心而不接受外部力量的支持是无法适应现实社会的。在遇到难题时，只有多向朋友寻求帮助，向他们学习面对困难的解决之道，才能勇敢地面对自己的困难，成功走出逆境。

3. 多学习科学文化知识

俗话说得好，知识就是力量。虽然科学文化知识不能直接让我们的内心变得强大，但是当我们拥有丰富的知识后，在面对困境时就能够有更多的知识可以使用，不会担心面对困难会不知所措。丰富的知识能够增加我们的自信心，强化我们克服困难的决心。

心理百草园

阿德勒《自卑与超越》

阿尔弗雷德·阿德勒，出生于奥地利维也纳，曾为弗洛伊德精神分析学派的核心成员之一，后因分歧与弗洛伊德关系破裂，创立个体心理学。阿德勒是与弗洛伊德齐名的心理学大师，他的代表作《自卑与超越》是一部从个体心理学观点出发，阐明人生道路和人生意义的通俗性读物，但通俗中包含着极深的哲理和巨大的学术价值。

在《自卑与超越》中，作者提出：每个人都有不同程度的自卑感，因为没有一个人对其现时的地位感到满意；对优越感的追求是所有人的通性。然而，并不是人人都能超越自卑，关键在于正确对待职业、社会和性，在于正确理解生活。那些自幼就有器官缺陷或被娇纵、被忽视的儿童，以后在生活中容易走上错误的道路；家长和教师应培养他们对别人、对社会的兴趣，使他们真正认识“奉献乃是生活的真正意义”。这样，他们就能够从自卑走向超越。本书大大修正了弗洛伊德泛性论的精神分析观，开辟了精神分析的新阶段。

(阿尔弗雷德·阿德勒著．吴杰，郭本禹译．北京：中国人民大学出版社,2013年9月第1版)

阿德勒在本书中还提出：不管有无器官上的缺陷，儿童的自卑感总是一种普通存在的事实，这是因为他们常仰赖成年人的生活，且一举一动受到成年人的控制。当儿童利用这种自卑感作为逃避行动的借口时，便发展成神经性的倾向。如果这种自卑感在以后的生活中继续存在下去，它便会形成“自卑情结”。

自卑感在阿德勒的理论中占有很大的分量。他认为一般的自卑感是行为的原始决定力量，自卑感本身并不是变态的，它是一个人在追求优越地位时的一种正常的发展过程，优越感是每个人在一种内驱力的策动下力求达到的最终目标，它因每个人赋予生活的意义而不同。在书中，他还论述了家庭和学校对个人的影响，他认为，人的行为不是由生物学的本能力量决定的，而是由社会力量决定的。人的行为都是出自自卑感及对自卑感的克服和超越。

心灵鸡汤

法国名画家纪雷有一天参加一个宴会，宴会上有个身材矮小的人走到他面前，向他深深一鞠躬，请求收他为徒弟。

纪雷朝那人看了一眼，发现他是一个缺了两只手臂的残疾人，就婉转地拒绝他，并说："我想你画画恐怕不太方便吧？"

可是那个人并不在意，立刻说："不，我虽然没有手，但是还有两只脚。"说着，便请主人拿来纸和笔，坐在地上，就用脚趾头夹着笔画了起来。他虽然是用脚画画儿，但是画得很好，足见是下过一番苦功的。

在场的客人，包括纪雷在内，都被他的精神所感动。纪雷很高兴，马上收他为徒弟。这个矮个子自从拜纪雷为师之后，更加用心学习，没几年的工夫便名闻天下，他就是有名的无臂画家杜兹纳。没有手竟然能成为画家，岂不是非常不可思议？

这个故事告诉我们：每个人的命运都掌握在自己手里，只要有排除万难的毅力和恒心，只要你的内心足够强大，你就能创造奇迹，做到别人所做不到的事情。

5.5 成为别人的榜样

成长语录

榜样的力量是无穷的。一个人、一段话语、一个故事，虽然平凡简单，却能点燃许多人心中的激情与梦想。

心灵絮语

拿破仑的父亲是一个极其高傲但又很穷困的科西嘉贵族。但是他却把拿破仑送进了在布列讷的一个贵族学校。在那里与拿破仑往来的都是一些在他面前讥讽他穷苦，而极力夸耀自己富有的同学。这种讥讽行为，虽然引起了他的愤怒，但是他却无从选择，只能一筹莫展，屈服在威势之下。后来拿破仑实在受不了了，他写信给父亲，说道："为了忍受这些外国孩子的嘲笑，我实在疲于解释我的贫困了，他们唯一高于我的便是金钱，而至于说到高尚的思想，他们是远在我之下的。难道我应当在这些富有高傲的人面前谦卑下去吗？"

"虽然我们没有钱，但是你必须在那里读书。"这是他父亲的回答。这使他在这所学校忍受了5年的痛苦。但是每一次欺侮、每一次嘲笑、每一次轻视，都使他增加了决心，他发誓要做给他们看看，他要告诉这些人，自己确实是高于他们的。等他到了部队的时候，他看见他的同伴们正在利用多余的时间骄奢淫逸。而他那不受人喜欢的身材使他决定改变方针，用埋头读书的方法，去努力和这些人竞争。

最终拿破仑成为了受人拥戴的大将军，成为历史名人。

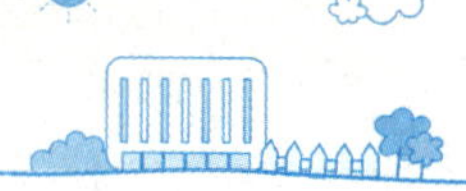

看看这个穷小子！

连我家的马夫都比不上！

1

难道我应当在这些富有高傲的人面前谦卑下去吗？

2

父亲说我必须在这里读书……

3

4

读心课堂

在每个人的成长道路上都会有自己学习的榜样，他们是我们希望成为的人。我们往往和榜样有着共同的兴趣爱好和价值观，向他们学习能让我们成长在正确的道路上。不仅如此，我们还要尽量找到自己独特的地方，努力发展成为个人的优势，成为一个独一无二的榜样人物。那我们应该如何做呢？

首先，树立远大的目标。你可以先从自己的兴趣爱好着手，找到自己最感兴趣的领域，然后去了解这个领域内杰出人物的成就和贡献，看一看他们给自己树立了什么样的目标。在了解之后你就可以想一想你在这个领域内能做到什么样的成就，从而树立一个需要你长期坚持和付出的目标。一个远大的目标往往能给我们提供强大的行动力和方向的指引，有了目标我们才知道该干什么，不该干什么。

其次，锻炼你的特长。人无完人，每个人总会在某些方面比别人弱一些，但是也有比别人更强的一面。不要拿自己的短处去和别人的长处做比较。努力发挥自己的长处，经常锻炼自己的特长，让大家都看到你的与众不同，让大家的焦点聚焦在你的长处上。如果你的绘画很好，就多给别人欣赏你的绘画，让他们羡慕你；如果你的书法很好，就让别人向你学习书法；如果你人际关系很好，就帮助别人解决矛盾。

最后，勇敢地表达自己的观点。敢于表达并且能合理表达的人才能让别人了解他，才能把他自己的能力展现给别人，别人才会佩服他、欣赏他。

树立远大的理想并逐步实现。理想可以引领我们成为想成为的人，指导我们日常的生活学习。但是记住，理想要脚踏实地，适应于自身的实际情况，没有必要与他人比较。可以有一个长期远大的目标，然后再把这个大目标分为一个个小的理想目标，一个个去实现，慢慢地，你就会向远大的理想逐渐靠近。

心理百草园

勇敢不只是男性的典型性格

英国心理学家沙威尔在几十年前所做的一项调查证实，男女之间的性格差异从总体上来说“大得惊人”。

然而有趣的是，他在对数千名16至64岁的男女进行的同类测试却显示：时下男女之间的性格差异正日趋减小。也就是说，男女性格差异已变得越来越不分明了。

在测试时，沙威尔把被测试者的“典型性格”归为顽强、坚定、果敢、幽默、勇敢、乐观、随和、潇洒、多变、热情、含蓄、好斗、爱妒忌等32种，结果发现：

几十年前被列为男性“典型性格”的顽强、坚定、勇敢等时下许多女性也已具有。

此外，乐观、好斗、幽默并不只是男性“独有”的性格特征，相反，温柔、含蓄、随和的女性也不乏其人；而潇洒、热情、开朗等已成为男女两性越来越“共有”的性格……

沙威尔对此分析说，随着女性受教育程度的提高，独立能力也随之提高，越来越多的女性开始与男性从事一样的工作，男女交往的日趋密切，都可能导致男女之间性格的互补或对流，最后使性格差异越来越小。

心灵鸡汤

1963年，一个九岁的黑人小女孩，当父亲带她在白宫美国总统的办公桌前拍照留念时，她有了大胆的梦想：“总有那么一天我会在这里面工作的。”

当时在她的家乡伯明翰，充斥着刁难、歧视和暴力，黑人只能得到条件最恶劣的工作。在这种境遇下，是什么支撑着她？

父亲约翰•赖斯叮嘱她，每个人的幸福都是由自己创造的。只有知识才能使自己成为独立的、不依赖别人的、强壮的人。一旦你把知识放进脑子里，就没有人可以把它从你身上抢走。而且通过知识，你可以驳倒别人的偏见，并把黑人从枷锁中解放出来。

赖斯家相信这样一条严峻的真理：黑人的孩子只有做得比白人孩子优秀两倍，他们才能平等；优秀三倍，才能超过对方。

父亲的话，一直是赖斯人生道路上的指明灯。父亲植入她幼小心灵的种子，使她在人生的岁月里获取了丰硕的果实：中学时连跳两级；19岁获政治学学士学位；20岁获政治学硕士学位；26岁获政治学博士学位；38岁成为斯坦福大学历史上最年轻的教务长，也是该校第一位黑人教务长；49岁时成为美国国务卿，是美国历史上第二位女国务卿。

幼时就已经想在白宫工作的赖斯最终实现了自己的梦想！